CHINOISERIE

中国风

13世纪—19世纪
中国对欧洲艺术的影响

［意大利］佛朗切斯科·莫瑞纳 ——著

龚之允　钱丹 ——译

上海书画出版社

目　录 Contents

导论和感言

    中国风是自 13 世纪晚期就开始在欧洲出现的一种艺术和文化现象，马可·波罗在元大都（北京）得到元世祖忽必烈接见这一事件可以作为中国风兴起的一个标志。不过，"中国风"这一学术术语则要到 19 世纪才得以确定，被用来形容受到中国或者更宽泛一些的远东文化影响的欧洲艺术潮流。1839 年，该术语出现在法国，源于法语中的形容词 Chinois，意为"与中国有关的"，直到 1883 年 Chinoiserie 这一词汇才被收录到《牛津英语词典》中。从 20 世纪开始，"中国风"开始作为艺术史学术术语被相关领域的学者们所采用。然而直到 1961 年，第一部对"中国风"进行综述的专著才正式发表，这部名为《中国风：契丹梦幻》（*Chinoiserie: The Vision of Cathay*）的开山之作的作者就是当时在英国已经声名显赫的艺术史家休·奥纳尔。

    中国风是西方特有的文化现象，是西方人心目中的中国形象。在工业革命之前的欧洲人印象中，中国是一个遥远、神秘并且充满诗情画意的国度。许多欧洲的学者和艺术家都受到远东进口器物或是冒险家带回的远东见闻的启发，在文学、戏剧、哲学、建筑和艺术等领域创作出大量令人耳目一新的作品。中国风并不局限于某一特殊的艺术媒介或特定的时代风格，它是一种广泛的文化艺术诉求，从舞台剧到陶瓷工艺，从哲学到室内装饰，从漆器工艺到音乐，在相当长的一段历史时期内伴随着欧洲文明而成长。中国风在欧洲的产生与发展，对欧洲艺术有着深远的影响。

18 世纪，中国风在欧洲发展到了顶峰。在此期间，法国的艺术家佛朗索瓦·布歇和意大利的艺术家詹巴蒂斯塔·提埃波罗借用了中国风式样创作出了各自的成名作；德意志梅森和意大利威尼斯的窑厂开始生产仿中国式样的瓷器；普鲁士国王腓特烈大帝也下令在波茨坦夏宫内兴建中国茶室。中国风并没有随着启蒙运动的结束而衰落，在 19 世纪和 20 世纪还在持续发展。

本书旨在通过文字与配图为读者勾勒出中国风在欧洲发展历史中的轨迹。本书大致分为两部分：第一部分包括本书的前两章，主要分析和概括了从 13 世纪末到 17 世纪，中国风在欧洲的诞生和早期发展情况。在这一阶段，源自中国的事物在中国风的起源过程中扮演着无可或缺的角色，但"异域风情"似乎是形容这一现象更加贴切的词汇。因为此时的中国风往往与亚洲、非洲和美洲等地传入欧洲的多种艺术潮流相混合，欧洲还未形成独树一帜的中式风格，这是中国风在欧洲的肇始期。第二部分集中阐述了从 17 世纪晚期到 19 世纪晚期欧洲盛行的中国风的发展，按照欧洲的历史、政治、地域和文化等因素划分章节，从法国开始，以意大利结尾。这样的划分不仅出于方法论的考量，更重要的是可以使读者更为清楚地区分中国风在欧洲各地和各时间段（从巴洛克、洛可可到新古典主义）不同的传播方式。毫无疑问，中国风的盛行属于较为全球化的现象，遍及欧洲各地，仅有少数欧洲地区没有受到其影响。中国风的表现方式多种多样，这与其在欧洲各地传播和发展的方式不同有关。艺术与文化的传承与发展，艺术家之间的互相影响，工艺与图书的范式传播都是考察泛欧洲中国风演化的重要因素。虽然在个别情况下，欧洲某一国家或某一区域曾在中国风传播的过程中对欧洲其他地方的艺术产生巨大作用，但就整体而言，各国各地都曾发展出带有各自审美倾向和技法独特的中国风艺术。

中国风在欧洲的形成是符合历史发展逻辑的，它并不仅仅是远东艺术特色在欧洲艺术中的机械反映（比如中国人物形象、纸扇和折扇等的简单引进）。中国风首先是欧洲人为了满足自身对知识的渴望，通过"异域事物"这一外在因素，更为自然和即时催生的美学诉求。就在中国风在欧洲大行其道的同时，亚洲各地也出现了对异域风情的推崇。在 16 世纪到 19 世纪间，中国和日本也出现了被称为"西洋风"的艺术潮流。举例来说，西方基于数学和光学发展出的单点透视法和光影透视法曾在 18 世纪被中国的一些绘画流派借鉴和引用。但是中国的西洋风艺术作为一种艺术潮流，其发展规模与欧洲大行其道的中国风艺术相比，还不足以与之相提并论。中国文化精英们，包括一些明朝和清朝的帝王们对欧洲的先进科技更感兴趣，相对而言，欧洲的艺术对他们的吸引力有限，尽管清朝皇帝对欧洲的珐琅彩和玻璃工艺欣赏有加。当然也无需苛责这样的情况，因为直到今天，也只有少部分欧洲人能够真正懂得欣赏传统的中国绘画，相对而言，他们对中国的传统工艺，如陶瓷和漆器更感兴趣。这大概是因为文化环境的差异，西方人无法领会中国文人画的精髓，而瓷制器具和漆制屏风的品质优劣似乎更加显而易见。这也是为什么中国人和西方人在学习和理解对方的文化艺术时总会发现这样和那样的隔阂。既然"西风东渐"和"东风西渐"是同时产生的文化现象，我们不禁要问，为什么西洋风对中国美学的影响如此微弱，而中国风却在欧洲备受推崇？

　　这其中的原因是复杂多样的，但是最主要的原因恐怕是欧洲人对欧洲以外世界（特别是亚洲）的探求欲望是主动的和强烈的，并且随着时间的推移，这种欲望转化成了实际行动。但这种现象在东方并不明显，东方人对欧洲的兴趣并没有如此强烈。中国无疑在与欧洲各国的交往中得到了巨大的经济利益，然而它从来不走出国门，不主动与欧洲各国贸易。中国这个自恃地处世界正中的庞大国度，顽固地选择了在本土设立管制严格的通商口岸进行国际贸易，与之相对的是它异常保守的外交方略。中国大概是把它与欧洲各国的关系当成在汉字文化圈内由来已久的宗藩贡赐关系，而不愿把欧洲国家当作平等独立的国家；又或许是因为中国政府希望防微杜渐，避免欧洲过多地向商业以外的宗教政治层面渗透，而不愿意进一步扩大与欧洲的交往。除去文化和艺术因素，中国闭关锁国的政策产生了复杂的影响：不计其数的中国货物在几个世纪内被销往欧洲各地，而由欧洲商人出口到亚洲的商品却无人问津，几乎毫无价值。中国风的流行与中国货物在欧洲的受欢迎程度息息相关，而西洋画在中国的有限传播与西洋货物在中国受到冷遇有莫大关联。

在经过对非洲和美洲的探索之后，欧洲各国更加坚定地认为亚洲能为他们带来源源不断的利益，而事实也确实如此。通过和亚洲商人的贸易，有些国家，如荷兰，变得越来越富庶。欧洲人开始把中国作为能够提供最佳商业机遇的国度，这比之前仅仅把亚洲各国作为新的理想国要更进一步。

直到 19 世纪末，中国、印度、日本等亚洲诸国，对欧洲人来说还是神秘和令人向往的乐土。随着科技的进步，亚欧之间的交通变得更加安全快捷。在这之前的几个世纪，东方这些神秘的领域和古老的文明给予了欧洲人极大的创作空间，就如同今天当世界已经共通共融，外太空取代了过去东方所扮演的角色，成为人们尽情发挥想象力的地方。中国风极大地鼓舞了那些开辟新航路的欧洲探险者，他们满怀抱负、无畏艰险地在航海征程中寻求理想之境。如果中国风如近期出版的一些学术研究所证明的那样，可以被解释为 18 世纪欧洲社会、经贸和政治变革的产物，那么理所当然，它可以与当时发生的特殊艺术现象和美学潮流相关联。中国风往往与"创新""动态""非对称式""多姿多彩""珠光宝气"等在巴洛克后期、洛可可全盛时代和新古典主义早期反复被引用的词汇有密切的联系。中国风不仅仅是一种美学潮流，它还能被用来形容怡情的世俗趣味，这也解释了为什么启蒙运动中的诸位伟大的思想家，例如伏尔泰，把中国看成一个开明伟大的国度，并且推崇儒家文化，认为它是理性文明的标志，进一步谴责天主教会对欧洲人民在思想上世代钳制，以致欧洲文明还无法达到中华文明的高度。

中国风的漫长发展历史，由于其错综复杂的文化和艺术背景，很难一下子阐述清楚。在欧洲，它有时也被微妙地认为是属于荒诞、轻佻或者女性化的艺术倾向，与庄严、肃穆和阳刚的古典主义相对立。这几乎和中国传统文化中的"阴阳"理论相通：中国风与古典主义是共生、共存并且彼此间保有共融的空间。这也解释了为什么会有"新古典主义式中国风"这样的词汇存在，虽然表面上看，"新古典主义"和"中国风"是水火不容的。

从宏观的全球化角度来看，我认为可以把中国风看成是一座连接不同文化和国度的桥梁。通过这座桥梁，不仅是货物，更重要的是思想、信息和知识可以在互惠互利的情况下在彼此之间自由流通。中国风的意义不仅仅是对某一艺术情况的考量，它更深层次地代表了人类勇于探索、乐于摒除文化藩篱、互相交往的美好愿望和诉求。

最后，请允许我对那些在我撰写文章和选择图片的过程中，给予我极大帮助、鼓舞和建议的朋友们表示由衷的感谢：

感谢 Robert Aronson, Luca Burzio, Alessandro Chiale, Daniela Degl'Innocenti, Helen Espir, Celia Diego Generoso, Filippo Guarini, Barbara Karl, Giampaolo Lucaks, Errol Manners, Rob Michiels, Ronald Philipps, Giovanni Pratesi, Ana Teixeira, Guido Wannenes, Jorge Welsh 以及那些谦逊辞让、不愿留名的朋友们。

我还要特别感谢我的挚友龚之允。他不仅不辞辛劳地把我拙劣的英文原文翻译成了优美的中文，而且正是由于他的建议，才使我萌生为中国的读者撰写一部介绍欧洲中国风研究书籍的想法。我认为他是 21 世纪致力于全球化研究的优秀学者，可以预见他会继往开来，为中国风这一研究领域添砖加瓦，为中西文化的交流做出贡献。

最后，我要感谢我的妻子芭芭拉，她总是能不厌其烦地听我在日常生活中反复唠叨"中国风""桥梁""日本漆艺"等。当然还要感谢我的孩子们伊斯梅尔和琳达，我愿他们拥有一个"中国风"式的未来。

起源：
中国风形成之前的东方风格

15 世纪以前的中国和欧洲

"在天下可居地之东，有未知之土，其与小亚细亚至东处接壤，为丝绸人与丝绸人所建之诸国所据。"

克劳狄乌斯·托勒密
《地理学》
约 150 年

罗马帝国和汉朝

早在基督教时代开始之前，中国和欧洲就已经有了联系。据记载，一些西方旅行者早在亚历山大大帝（前 356—前 323）远征之前就探险到达过远东地区，但是真正的文化、政治和经济的交流却是在而后西方罗马帝国和东方汉朝的各自扩张中建立而成的。第一条丝绸之路也是在那个时候形成，开通丝绸之路的目的就是为了保护越来越多想要贯穿整个亚洲大陆开展贸易的那些旅行者的安全。

根据中国文献记载，在 166 年，罗马皇帝马可·奥雷利奥当政时代，罗马使团首次抵达中国，那时中国的君主还是汉桓帝（132—168），而罗马使团第二次来访中国则是在 280 年到 289 年间。在这两次罗马使团的出访中，一些私人商贩联合起来孤立了整个代表团，假装他们自己就是强大的罗马帝国的特使，以获取商业上的利益。另外，根据罗马演说家弗洛鲁斯提供的资料，第一位中国特使是在奥古斯都（前 63—前 19）时期抵达罗马的，尽管此事没有任何其他罗马或者中国的资料加以证实。然而，在 97 年，中国军官甘英奉西域都护班超（32—102）之命出使中亚，从而有机会与罗马帝国正式接触。但他很有可能被帕提亚人给劝阻了，因为帕提亚人极其不愿意看到汉朝与罗马两个帝国开展直接正式的交流。在中国著名史家范晔（398—445）编写的《后汉书》中，记录了一些有关甘英的故事，并且把罗马帝国描述得相当美好。后来中国把罗马帝国称为"大秦"，这样的称呼参考了中国的第一个封建王朝——秦朝（前221—前206）。

由于中国的丝绸在西方非常受欢迎，因此罗马人称呼中国人为"赛里斯"（Seres），意为"丝绸国人"。出于对丝绸的喜爱，罗马人不惜花费大量的金钱以获得珍贵的面料。老普林尼在他的《自然史》（第12卷，第84节）中对自己同胞的行为这样定义："保守估计，印度、赛里斯和阿拉伯半岛每年从我们帝国拿走100万塞斯特斯[1]：这就是我们国家在奢侈品和妇女身上所消耗的费用。"同一时期，塞内卡在他的著作《论恩惠》中也发表了相同的观点。而实际上，在丝绸贸易中获得暴利的是作为中介倒卖丝绸给罗马人的帕提亚人。罗马时期的其他文献资料也提及丝绸国，这使得这个位于已知世界边缘的国度愈发神秘。生活在世界至东的人们有着与西方人不同的习俗、传统和外表。

随着汉朝的倾颓和罗马帝国的衰落，中国和罗马直接交流的美好愿望未能实现。在13世纪之前，欧洲和远东在各自的发展道路上经历了不同的历程。

在13世纪之前，还没有足够证据表明东方具象艺术对欧洲艺术有直接影响，相比精美的纹饰，罗马人也许更喜欢奢华材料的质感。

蒙古帝国时期东亚与欧洲的旅行者

在蒙古帝国统治亚洲时期，各地区的边境由于大汗国间的亲密血缘关系变得更加安全，从而保证了那些从中国穿过中亚去地中海东部沿海地区的商队旅人的人身安全。当时蒙古诸汗国的宗主国元

1　译者注：塞斯特斯（sesterces），罗马的常用货币单位。

朝的大都（今北京）也已经做好欢迎众多外国人开展贸易活动的部署。此外，元朝为了稳固蒙古人的统治，偏向于任用非汉族裔的色目人充当要职。横跨欧亚的大蒙古国的和平之治（Pax Mongolica）也为东西方的互相了解提供了有利的条件。那个时期最著名的旅行家就是马可·波罗（1254—1324）。从1275年到1292年，他一直在中国生活。他的回忆录《马可·波罗游记》[图1]，一经面世就受到广泛欢迎，被认为是在那个时代最有影响力的关于中国风土人情的一部游记。该书问世以后，历经数个世纪，经久不衰，一直是欧洲人了解远东的基础读物。尽管马可·波罗的游记有明显的纰漏和错误，并且借用了早期文献和传说提供的资料，但还是激励了许多欧洲人踏上相同的旅程，其中就包括哥伦布。

　　在蒙古帝国时期[图2]，马可·波罗并不是第一个到达中国的欧洲人。早在1245年，教宗英诺森四世就派遣方济会资深大主教柏郎嘉宾到当时的蒙古首都哈剌和林去会见大汗贵由。他的任务是建立梵蒂冈与鞑靼人之间的关系，以防止被其入侵，并且拉拢蒙古一起

图1

《马可·波罗抵达蒙古大汗营帐》，《马可·波罗游记》，让·贝里手抄本中的袖珍插图，15世纪早期，法国巴黎国家图书馆

《马可·波罗游记》有很多版本，其中以曾为让·贝里所拥有的手抄本装帧最为奢华绝美。该手抄本包含了84幅袖珍插画，描绘了马可·波罗这位传奇的冒险家在远东游历过程中发生的各种各样的奇闻逸事。艺术家们在绘制这些图片时几乎完全参照了马可·波罗那看似荒诞不经的叙述。

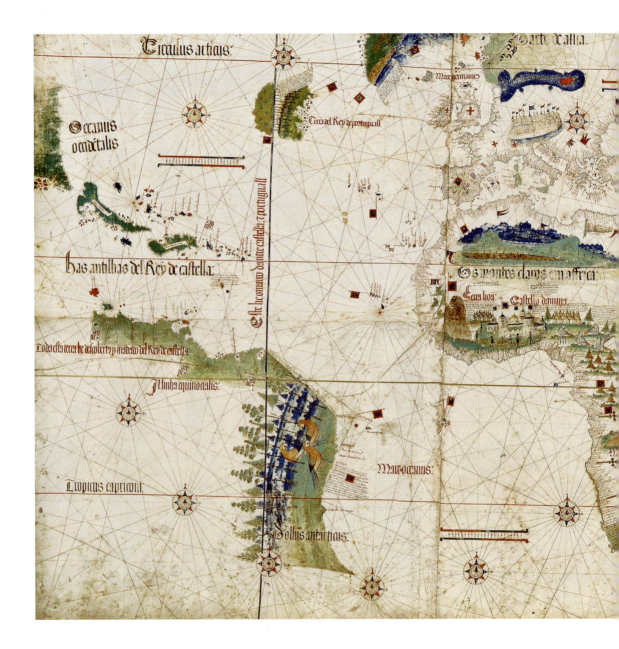

图2

《"坎蒂诺"世界地图》,1502年,埃斯藤泽世界图书馆,意大利莫代纳市

这幅著名的地图是根据15世纪晚期葡萄牙人航海探险的新地理大发现所绘制的,也是关于这一大航海时代最古老的地图,反映了当时欧洲人对世界的认识。这幅地图并没有绘制出美洲的西海岸,也没有清楚地标示出亚洲东部的区域界限。1502年,这幅地图由意大利的费拉拉大公自葡萄牙里斯本购得,并为该家族历代收藏。

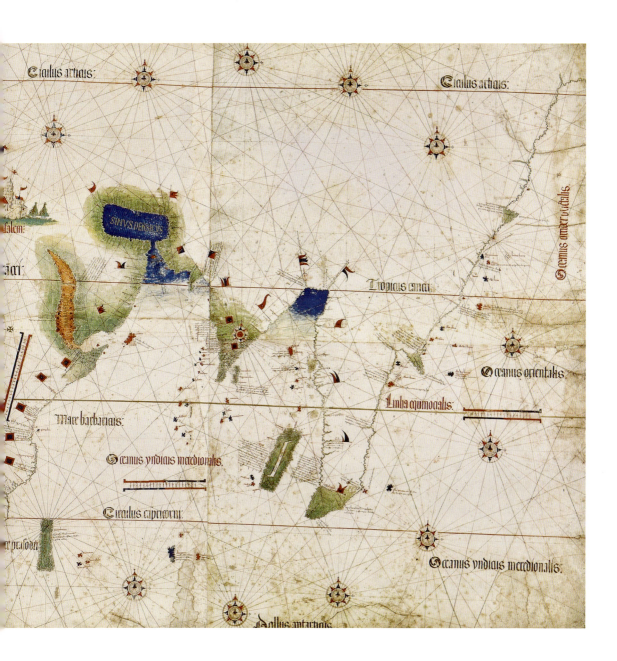

抵制伊斯兰教。这位方济会修士并没有完成他的任务，却撰写了《蒙古史》，这本著作是欧洲人了解蒙古人、汉人等亚洲各民族的重要信息来源。1254 年，法国国王路易九世（1214—1270）派遣方济会修士佛兰德斯人威廉·卢布鲁克出使蒙古。在哈剌和林，他遇见了一个法国珠宝商纪尧姆·布歇。布歇曾因为他的新奇发明（如美酒喷泉）在亚洲宫廷获得殊荣。根据史料记载，最早穿过蒙古草原进入中原地区的意大利人是尼科洛和马费奥·波罗，而这两个人正是马可·波罗的父亲和叔叔，他们约在 1265 年至 1266 年间在中国游历。1294 年，天主教宗尼古拉四世的使者、意大利籍方济会修士孟高维诺抵达北京，开始在中国传播天主教。孟高维诺将基督教教义翻译成了中文，并且得到罗马教廷的批准在北京建立教堂，而且成了北京教区的主教，还使一些中国人皈依基督。几年以后，一些天主教徒也加入了孟高维诺的传教事业，这其中就包括 1323 年在泉州创建教堂并担任主教的安德烈·佩鲁贾。1318 年，意大利的传教士鄂多立克在既没有得到教会的支持也不抱有任何商业意图的情况下离开意大利，来到中国传教。与之前来中国的欧洲旅行者不同，鄂多立克是由海路沿着亚洲南部的航线来到中国的。他于 1325 年至 1328 年间寄居北京。在返回意大利的路上，他书写了回忆录《关系》（*Relatio*）。1336 年，元朝的最后一位皇帝元顺帝（1320—1370）委托热那亚商人安达洛·萨维尼翁带一封信给罗马教宗，请求天主教廷派人到中国传教。该使团途经阿拉尼亚高加索地区抵达罗马，教宗本笃十二世答应了元顺帝的要求，向北京派遣了由佛罗伦萨的马黎诺里（1285—1342）率领的传教使团。1339 年，马黎诺里带领使团，以及不计其数的教宗和那不勒斯国王罗伯特·安茹送给元顺帝的礼物，从那不勒斯航行前往东方。1342 年该修士团成功抵达北京开展传教任务。尽管中国当时的文献没有记载该使团来中国的缘由，但是马黎诺里来华之事却见诸史书，尤其是他从意大利带来的一匹那不勒斯宝马，受到皇室瞩目，不仅被宫廷画师绘制下来，还附有诗歌以咏其骏。

　　除了诸如此类的探险旅行，14 世纪在远东地区的虚构故事激增出现，其中就包括约尔丹·塞韦拉克 1329 年出版的《奇迹录》

（*Mirabilia*）和约翰·曼德维尔爵士 1371 年出版的《约翰·曼德维尔爵士游记》（*The Travels of Sir John Mandeville*）。特别值得强调的是，曼德维尔的著作对构建西方人臆想中的"契丹梦境"（Cathay）[1] 起到了极大的推进作用。

另外，蒙古人或者甚至是汉人时而也会去欧洲游历，证据就是这些旅行者的形象出现在大量的画作之中，特别是在一些 14 世纪意大利艺术家的作品中。在意大利锡耶纳的圣方济各教堂中，安布罗焦·洛伦采蒂的作品《圣方济各修士在塔纳殉难》（*Martyrdom of the Franciscans at Tana*）就是一个强有力的证明 [图3]，此类作品还有安德

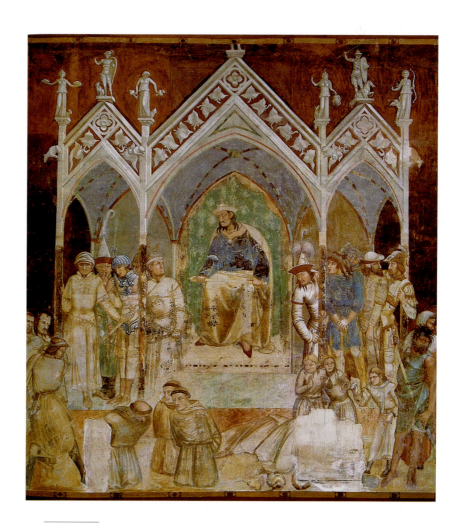

图3
安布罗焦·洛伦采蒂，《圣方济各修士在塔纳殉难》，约1336—1340年，壁画，意大利锡耶纳圣方济各修道院
1321年圣方济各修士在印度塔纳殉难的消息直到1330年才由传教士鄂多立克传到意大利。当时，鄂多立克尚在印度传教，他收敛了死难修士的遗体。画中的人物面容、发式和衣着的描绘都与东方人非常接近。这也暗示了洛伦采蒂可能曾经亲眼见过蒙古人。然而，壁画里坐在正中的印度苏丹的亚洲人种特征却并不明显。

1　"契丹梦境"是西方术语，特指欧洲人想象中的中国。

烈·菲伦泽在佛罗伦萨的新圣母教堂的西班牙礼拜堂中创作的作品，阿蒂基耶罗在帕多瓦的圣乔治大教堂中的作品《圣人殉难》（*Martyrdom of the Saints*），以及皮萨涅洛（约1395—1455）在维罗纳的圣阿纳斯塔西亚教堂的壁画作品《圣乔治降龙》（*St George and the Dragon*），该画作现藏于卢浮宫，作品上绘有一位蒙古弓箭手。

　　洛伦采蒂画作中的蒙古人或许也是基于当时对蒙古人的文字描述而创作的，但是考虑到他绘制的蒙古人物栩栩如生，贴近其人种特征，因此他曾经亲眼见过一些亚洲人的可能性非常大。在教宗卜尼法斯八世当政时期，一支由佛罗伦萨人圭斯卡尔多·巴斯塔里带领的蒙古代表团于1300年抵达罗马。仅仅一年以后，由布斯卡雷罗·吉索尔菲带领的来自远东的代表团也在前往罗马的途中在锡耶纳做了停留。年轻的洛伦采蒂很有可能在这几次亚洲人来访意大利时对他们做了仔细观察，并在许多年后在创作壁画《圣方济各修士在塔纳殉难》时把蒙古人的形象忠实地描绘了出来。值得一提的是，该壁画所描绘的事件实际上是印度人对基督徒实施的大屠杀，与蒙古人并无关系，因为大屠杀发生的地点塔纳位于印度，靠近今天的孟买。

13—14世纪欧洲的中国商品

　　13世纪中叶，越来越多的来自远东的中国商品被带入意大利。其中数量最多的就要数陶瓷了：在意大利南部靠近卢切拉（Lucera）的地方发掘出了一些来自中国的碎瓷片，这些碎片可以追溯至1223年，当时该地区还处在神圣罗马帝国皇帝腓特烈二世统治时期（1194—1250）。此外，一些有可能来自中国的画作、插图绘本和零散的版画也在此时被带到意大利境内，因为一些非常典型的传统中国式构图法开始出现在欧洲，这些创作手法在之前的欧洲艺术作品中未曾出现过。这些构图理念体现在许多当时的意大利画作中，比如西门·马提尼在锡耶纳市政大厅中创作的壁画《圭多里齐·菲利亚诺围攻蒙泰马西》(*Guidoriccio da Fogliano*) [原本位于洛伦泽蒂创作的壁画《地球》(*Mappamondo*) 之下，现已不复存在]，以及同样处在该大厅的洛伦采蒂的《舞蹈》(*The dance*) 的局部画面上。

尽管中国绘画对欧洲艺术产生了某些影响，但是在 13 世纪和 14 世纪的欧洲，人们最喜欢的中国器物还是丝绸。当时有很多人对这一现象加以叙述，其中就包括佛罗伦萨商人佛朗切斯科·彼加洛梯。他在 1318 年至 1321 年间担任巴尔迪公司 (Bardi) 伦敦分公司经理。他在 1339 年出版的《实用贸易》(*Pratica della mercatura*) 一书中，不仅证实了由于蒙古人的积极作用，从地中海地区到中国的路上丝绸之路已经相当安全，还进一步列举了早期贩卖到东方的西方商品（亚麻、小牛皮革制服装、锡、珊瑚、琥珀和白银等），以及在意大利需求最旺的两种东方商品——丝绸和香料。

当时意大利的布帛贸易主要由热那亚和威尼斯的商人操控，由于他们极不愿意通过中东的中介进行贸易，因此经常亲自到中国开展直接的贸易。这些商人会在中国购买大量的生丝，然后运回欧洲，再卖给当时数量繁多的意大利丝织品加工作坊。

中国的丝绸在意大利及其他欧洲诸国屡见不鲜，尤其是在一些教堂的宝库中（但泽、施特拉尔松、勃兰登堡、埃博、乌普萨拉等）。这些来自异域的珍贵面料被用来包裹天主教圣器文物：正因如此，他们基本上没有与外部接触，大多被完好无损地保存了下来。教宗本笃十一世的加冕礼服 [图4] 现在被收藏在佩鲁贾的圣多米尼克教堂的收藏室中。这件中间印有使徒形象的加冕服制很可能产于罗马，而采用宽的丝绸上面印有基于东方禽鸟、豹子和卷叶纹饰的披肩产于卢卡 (Lucca)。目前仍不清楚这件加冕礼服所使用的中国丝绸面料究竟是何时以何种方式抵达梵蒂冈的，不过一些库房档案可以表明在当时的罗马教廷之中确实存在类似的物品。在古代文献中，他们通常被记录为 "Panno tartarico"，字面意思是 "鞑靼面料"，这是对中国织物和其他具有中国风的亚洲布帛的一种模糊的定义。通常情况下，在这些布帛抵达欧洲之前，会途经中亚和中东，在此过程中，来自中国的图

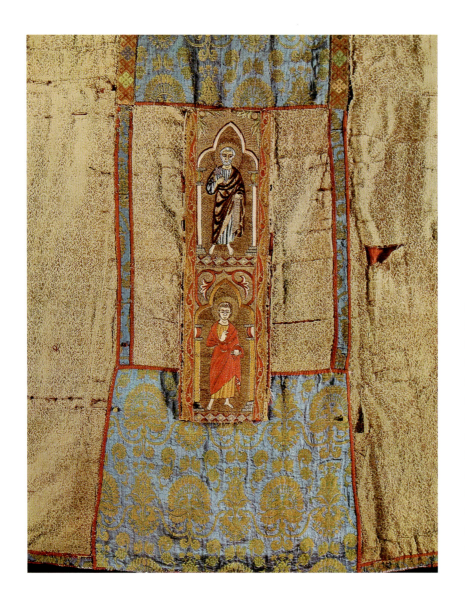

图4

罗马教宗的礼服局部，13世纪晚期，意大利佩鲁贾圣多米尼克教堂

这件礼服中使用了中国丝绸，这种布料是13世纪晚期到14世纪早期由亚洲进口到欧洲的。这段时间正好是蒙古帝国的鼎盛时期，许多来自远东的珍稀物品被带到欧洲作为进献给贵族的礼物。梵蒂冈13世纪的文献表明，罗马教宗们对于远东的珍稀布帛赞赏有加。

像式样往往会与当地的纹饰相融合，因此纯正的中国元素不可避免地受到了不同程度的削弱。此外，丝绸制品也会受到波斯文化的影响，因为很多产自远东的生丝在被贩卖到中国之前，常会先被送到中东进行装饰，而中东西亚的异国情调图案在中国也很受欢迎。由于商品在欧亚之间交叉传播，因此很难准确地界定远东的装饰图案是如何传播到欧洲的。[图5]

　　在教宗本笃十一世加冕衣服上面的花卉图案也可以在许多其他14世

图5

伊朗或伊拉克生产的丝绸布料，14世纪下半叶，意大利拉托织品博物馆

这些是14世纪下半叶在波斯生产的布料残片，上面织有花卉与凤凰，很明显受到了中国元代丝绸织品的影响。这种布料在欧洲受到追崇，欧洲人把这种布料称为"鞑靼织品"。

纪欧洲的中国丝织品上面找到。有趣的是，在西门·马提尼1333年创作的《受胎告知》（乌菲齐美术馆藏）中，类似的纹饰也出现在天使左侧的衣服上。[图6]马提尼是意大利哥特式风格鼎盛时期的最具代表性的绘画大师之一，他并非唯一一位对中国器物抱有仰慕之心的欧洲艺术家。事实上，13、14世纪在欧洲盛行的中国风赢得了众多意大利艺术家的青睐。产生于这一时期的意大利绘画经常会在画面中忠实地再现一些东方的图案，为后人研究纺织物和服装时尚提供了取之

图6

西门·马提尼，《受胎告知》天使衣着局部，1333年，蛋清画，佛罗伦萨乌菲齐美术馆

西门·马提尼的作品反映了画家对以高贵典雅著称的中国丝绸的特殊偏好。画家色彩艳丽的画风与中国元代装饰精美的绸缎相得益彰。画中的布料应该是14世纪从中国传播到欧洲的。

不尽、用之不竭的资料。

乔托也秉承了 14 世纪意大利艺术家使用东方元素创作的传统，在创作帕多瓦的斯格洛维尼礼拜堂壁画时使用了八思巴文字作为部分人物的衣服纹饰。这些文字是如此得清晰，表达的意思是如此明确，无需怀疑，这位杰出的意大利艺术家对八思巴文字一定有非常深入的了解。八思巴文字是元世祖忽必烈（1215—1294）明令规定起草公文时必须统一使用的蒙古文书写文字。

丝绸

至少在 6 世纪之前，在两千多年期间，丝绸的制作一直被视为中国特有的一项技术和文化成就。普罗科皮乌斯在《哥特战记》（*De bello gothico*）中有详细记载：555 年，一些僧侣从印度来到拜占庭，觐见查士丁尼大帝时献上蚕虫，殷切地希望他可以允许在西方养蚕制丝。到了 12 世纪中叶，丝绸制作技术从拜占庭传到之后由诺曼人统治的西西里岛，然后从那里传到其他意大利城市。

随着越来越多的中国和波斯带有花纹图案的丝质纺织品的到来，欧洲也掀起了一场前所未有的新的设计浪潮：开始运用不死板的图案，不再使用内部平行卷边，逐步放弃对称和几何样式的设计，取而代之的是动物和植物这样更贴近大自然的图案设计。意大利设计师运用的图案也逐渐开始糅合一些典型的东方图案，这些东方图案包括荷花、石榴、牡丹花、带有曲折枝条的小花，甚至还有凤凰、龙、独角兽和其他鸟类与动物，所有这些图案的出现再一次说明意大利的设计师重新开始重视图像的动态感。这种风格的变化在西西里岛地区影响力较弱，而在卢卡和威尼斯地区却是大行其道。这两个地区在 14 世纪生产了东方风味浓厚的丝织品，这些工艺品被认为是在欧洲出现的中国风器物的雏形。[图7]

有诸多史料可以佐证，13 世纪下半叶的威尼斯首次出现了一个

图7
意大利卢卡地区的丝绸织品，14世纪，
德国柏林装饰艺术博物馆勒维藏品
凤凰在中国被赋予了多重象征含义，通常被用来突出强调贵族妇女的尊崇地位。凤凰是中国的皇后权力的象征，就如同龙是皇帝权力的象征一样。图中的纹饰曾经被多家意大利的纺织厂使用。然而这种纹饰在西亚地区早就被普遍使用了，因为西亚与中国这一拥有辉煌文明的天朝上国在地理上更为接近。

画师群体，他们专用一种与东亚木漆类似的涂料。据古籍记载，这种清漆的主要原料是杜松脂，和传统的东方木漆并不相同，但总体来说都可以对清漆包裹的部分起到保护作用。虽然没有证据表明漆器对威尼斯商贸产生了多大的影响，也不清楚威尼斯的画师们除了喜欢清漆实用的功能外，是否对它的装饰作用也感兴趣。但可以肯定的是，起源于远东地区的漆器工艺，在13世纪末也出现在了欧洲。

　　中世纪晚期，欧洲出现了一些极其不寻常的稀有器物，这些物品大多用宝石或者比较贵重的金属镶嵌而成，成为早期在欧洲出现的中国风的又一证明。自古以来，金、银、宝石就被用来盛放重要的基督教圣迹遗物，而用精美的饰物镶嵌以增强器物的神异性也许与基督教这一传统有关。除了最重要的瓷器，鹦鹉螺贝壳、椰子、玉器、漆和其他类型的珍品，也都在此后相当长的一段时期内给欧洲金银工匠、珠宝技师和制表师带来了灵感，中国风的艺术品在18世纪的法国发展到了高峰。[图8]

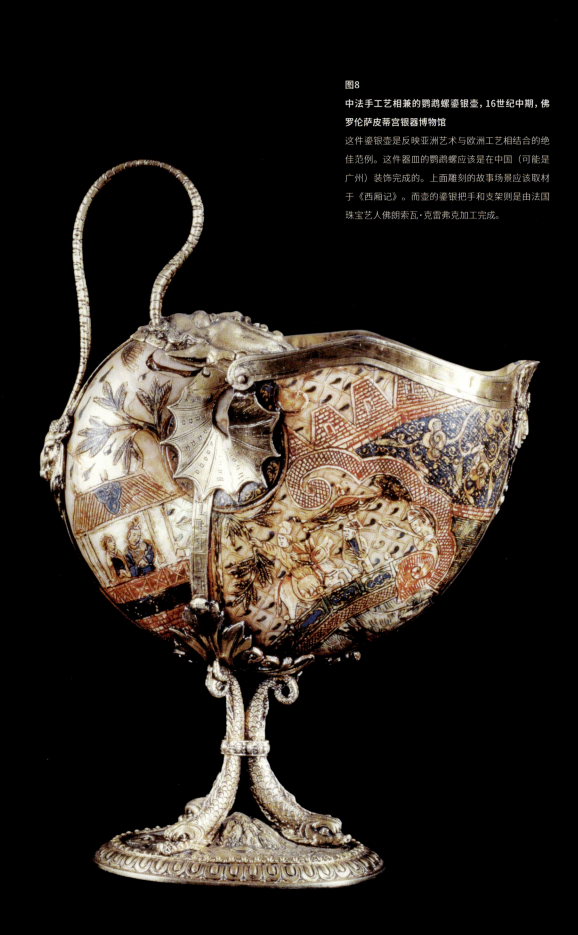

图8

中法手工艺相兼的鹦鹉螺鎏银壶，16世纪中期，佛罗伦萨皮蒂宫银器博物馆

这件鎏银壶是反映亚洲艺术与欧洲工艺相结合的绝佳范例。这件器皿的鹦鹉螺应该是在中国（可能是广州）装饰完成的。上面雕刻的故事场景应该取材于《西厢记》。而壶的鎏银把手和支架则是由法国珠宝艺人佛朗索瓦·克雷弗克加工完成。

15世纪，中国对欧洲装饰艺术发展的影响并未结束，尽管与更早的时代相比，这些影响较难估测和追溯。东方的图案与西方的装饰一经结合，便完美地融合在了一起。虽然一些地道的中国图案特征没有忠实地再现于这些欧洲的中国风物上，但是西化后的东方图案更容易被欧洲人接受，在传承与发展中更具活力。中国装饰图案西化转型的最典型的一个例子就是石榴图案，它是15世纪到16世纪中叶最具意大利特色的纺织图案，经常出现在竖向平行的缠绕叶形纹饰之中。从欧洲出口到中东的纺织品上的中国莲花图案上，可以清楚地看到这一风格变化。这些中西结合的纹饰被用来装饰意大利丝绸，而这样的设计很有可能也影响了那些在15世纪末至16世纪初开始试图仿制中国瓷器图案的意大利陶瓷工匠的设计方案。[图9]

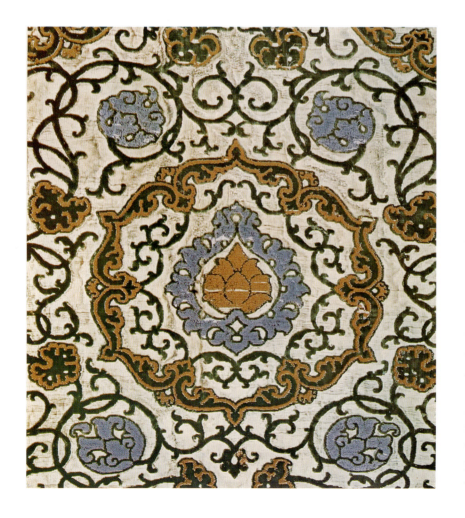

图9A
佛罗伦萨生产的纺织品
16世纪中期
意大利都灵市立博物馆

16世纪的意大利纺织品中，莲花与藤蔓相结合的花卉装饰纹样十分普遍。这种纹饰很明显是源于东亚的设计，后来又经过伊斯兰文化的改造。佛罗伦萨托斯卡大公夫人埃莱奥诺拉·托莱多曾经穿过类似样式的天鹅绒礼服。该礼服被记录在阿尼奥洛·布龙齐诺1545年绘制的传世肖像名作中（见图9B）。

图9B

阿尼奥洛·布龙齐诺，《埃莱奥诺拉·托莱多肖像》

木板油画，1545年，佛罗伦萨乌菲齐美术馆

起源：
中国风形成之前的
东方风格

16—17 世纪欧洲的异国风情

"他们那种普天之下、独贵中华而睥睨他国的观念，使得他们无比自负地认为，这个世界上的其他民族跟他们相比都是野蛮愚昧的；他们这种想法荒谬滑稽，如果不加改变，那么毋庸置疑，他们最终会被外界征服。"

利玛窦

　　1368 年，在经过一个世纪的少数民族统治之后，汉人成功地推翻了元朝统治，建立了明朝。这一新生皇权——明朝，一直统治中国到 1644 年。然而元朝统治时期形成的宽容、自由和国际化的政策在明朝统治时期都被废除了 [1]，取而代之的是限制对外交流，更着重于国家内部商业和文化的发展。尽管如此，15 世纪仍有一些中国产品持续地被阿拉伯人为主的商人送往欧洲、东非和西亚等不同地区。

　　15 世纪末，西方国家与中华文化圈内的东方诸国之间建立了直航航道。葡萄牙最早为开展"东印度"和欧洲之间的贸易采取了一系列有效行动，紧接着西班牙在菲律宾建造了马尼拉港口。16 世纪末，英格兰和荷兰尾随其后拓展商路。除香料之外，欧洲最珍视的就要属来自异域的各种各样的艺术品了。欧洲各国的君主被异国情调所吸引，致力于收集各种珍宝，包括漆器、象牙、丝质面料以及其他新奇的物品。在所有珍宝中，最令人心驰神往的就是瓷器——它们不仅色泽纯净洁白，质地坚硬而轻薄，并且如宝石般闪闪发光，通常伴有花卉图纹作为装饰，纹饰为极其精美典雅的钴蓝色。[图 10]

1　译者注：虽然明朝在永乐、宣德和正德时期与海外诸国有邦交来往，但是有明一朝基本遵守了明太祖遗训中对四方邦国的宗藩关系划分，实行相对保守的对外政策，并且严格执行海禁。

陶瓷

　　欧洲那些试图模仿中国陶瓷制品的陶艺师们，很显然他们面临着几个无法攻克的技术难关。首先，这种原始材质的化学成分就是一个难解之谜，根据马可·波罗两个世纪之前提供的信息，许多16世纪的欧洲人认为瓷器材料并不是陶土混合物，而是一种上等硬壳制品。另一些难题就是如何做到使陶瓷外部非常光滑、基本没有孔隙，以及烧制时如何保证钴蓝部分不变形和变色。陶艺师们试图通过在非常精细的陶瓷底部施以厚釉来解决这些问题。尽管不可能达到制

图10

中国青花瓷，15—16世纪

中国瓷器中的完美典范就要数图中所示的这类青花瓷：皎洁如玉的白釉、丝般光滑的表面和典雅精美的钴蓝图案。这些特质都使欧洲人倾心不已，激发了他们在16世纪大量仿制中国瓷器的热情。

作中国瓷器时使用的高温来烧制——使得最终只能生成陶器，不但带有玻璃化的碱性杂质，而且陶土、釉和颜料互相掺杂渗透，影响质感——好在欧洲陶器上的蓝色仍然可以做到光彩夺目。因此，西方的彩陶在某种程度上可以作为中国瓷器退而求其次的替代品。

欧洲的制造商还试图模仿中国瓷器上装饰的图案。大约在 1550 年，奇普里安诺·皮库尔帕索在他的《陶艺三册本》（*I tre libri dell'arte del vasajo*）中的一幅插图，展示了被他称为"瓷器式样"（alla porcellana）的图案——长有三片新叶的细茎图纹 [图11]。该图案样

图12

采用了青花瓷装饰纹样的欧洲彩陶，中间的纹章显示该器物来自德意志的兰帕滕·格赖芬斯坦和缪廷家族，威尼斯制造，约1515年，德国法兰克福工艺博物馆

这件欧洲彩陶的缠枝纹和莲花纹受到了中国青花瓷装饰纹样的启发。但是威尼斯的陶艺师并没有原样照抄中国的范本，他们对远东的花卉纹样有着自己的解读，并加以改造，使之更接近于文艺复兴的时代风格。

式形成于 16 世纪上半叶，并且一经问世便在当时被广泛使用，几乎所有陶瓷作坊都使用这个图案。威尼斯的陶艺家极有可能在意大利最早采用中国瓷器图案。这种图案的发展可以从德国和威尼斯贵族定制的一些餐盘上看到。这些盘子约于 1515 年至 1530 年间烧制而成，都是在威尼斯制作生产的 [图12]。除了中心的盾牌图案，这些陶瓷盘子的正面和背面还出现了非常中式风格的叶纹设计，这些图案都非常典雅精致而且特别注重对细节的刻画。起伏卷曲的叶子，有的自由排列，有的形成链状，中间有零星的花卉作为点缀——这些花通常是莲花或菊花，这两种花卉纹饰普遍见之于 14 和 15 世纪的中国陶瓷器物上。在 15 世纪的威尼斯，从中国进口的瓷制品极受欢迎，尤其是在贵族之间，包括威尼斯总督。[1] 这一现象的最有力的证明要属现存于美国国家美术馆的由意大利画家乔瓦尼·贝利尼在 1514 年画的《诸神之宴》[图13]。这幅由欧洲大师绘制的大型油画作品上就绘有青花瓷，作为神仙使用的器皿，非同凡物。

　　到了 16 世纪，佛罗伦萨终于研制出来能把中国纹饰完美地烧制在陶器上的技术。这要归功于来自美第奇家族于 1574 年至 1587 年担任托斯卡纳大公的佛朗切斯科一世。与他杰出的先辈一样，佛朗切斯科也收藏了大量的中国瓷器。作为一位充满激情的炼金术师和品位高雅的收藏家，佛朗切斯科在佛罗伦萨兴建了形形色色的手工艺作坊。其中烧制陶器的窑厂设于圣马可的 "游乐场"（Casino）内，由来自法恩莎（Faenza）的陶器专家经营。法恩莎是距离佛罗伦萨不远的一个小镇，有着非常悠久的制陶传统。这些陶器专家的任务不是生产彩陶，而是致力于实验探索制作瓷器的秘密——尽管当时的欧洲对此进行的研究达到了狂热的程度，但是制陶大师们对于烧造瓷器的方法仍然一筹莫展，这一技术只有中国人才知道。

　　如今，在欧洲和美国的博物馆里面仍然陈列了大量的所谓的 "美

1　译者注：威尼斯在当时为自由城邦，最高统治者为各大贵族家族推举的总督，西文为 Doge，相当于公爵Duke，但并非世袭。

第奇瓷器”[1]。这些陶器虽然使用了质地较软的釉料，不过其色泽的白皙程度与中国瓷器相当接近。这些瓷器首先被漆上一层铅釉，然后在底色上施以钴蓝描绘图案，再敷上精选的锰，通过这样的工序，最终烧制出来的纹饰能更加光鲜夺目。瓷器上的图案一般是花卉，有时也使用经典的人物场景图案。这里以一件双系钮壶为例 [图14]，它很

1　译者注：在欧洲这类仿中青花瓷器的"美第奇瓷器"其实只用白色珐琅为釉的陶器，因此西方学术文章中都使用双引号突出强调那些并非真正的瓷器。美第奇家族没有研制出真正的瓷器烧制方法，烧造温度不够也是主要原因。

图13 ◀

乔瓦尼·贝利尼（多索·多西和提香最后补绘局部），《诸神之宴》，约1514年（1521—1522年和1529年两次修改补绘），美国国家美术馆

文艺复兴色彩派旗手、威尼斯大师贝利尼在这幅经典油画作品中仔细描绘了作为众神法器的中国瓷器。这些精美的青花瓷高贵典雅，造型精准，可见贝利尼曾认真赏玩过欧洲贵族收藏的青花瓷。16世纪早期的威尼斯仍是欧亚贸易的重要枢纽。

图14 ▶

"美第奇瓷器"朝圣者双系钮壶，佛罗伦萨制造，约1580年，法国巴黎卢浮宫

这件陶器是早期的"美第奇瓷器"。器物上的装饰纹样表明中国青花瓷对佛罗伦萨制陶业的重大影响。明代末期的装饰风格在这件器物中表现得十分明显：松树、树后的山石以及左侧的小鹿和右侧的仙鹤使用了文人画的传统处理法。这些图示是远东进口瓷器上常见的。美第奇家族收藏了许多晚明的青花瓷。

明显受到了中国瓷器样式的影响，尤其是在植物纹饰的选择上，如居中出现的大松树和娇艳的牡丹花。此外，瓶子上的动物如小鹿、鸭子和小鸟等也都采用了典型的东方造型。这些图案都是从明代嘉靖年间（1522—1566）和万历早期（1573—1619）出口的瓷器上模仿而来的。在"美第奇瓷器"早期的研制过程中，中国的设计首先被精确地仿制，但随后又融入了许多本土元素，风格变得更加"佛罗伦萨"，而且样式也开始明显受到当时的设计工艺如玻璃、金属、陶器和珠宝等影响。这些佛罗伦萨的工艺实验就当时的条件来看，不得不说是非常成功而且意义非凡的，因为接下来100年，欧洲始终都没有研制出真正的瓷器。

与此同时，包括意大利在内的欧洲大部分国家和地区都开始采用中式图像造型来装饰瓷器。

在葡萄牙，陶艺师以白色锡釉为底，绘蓝色珐琅，仿制了中国青花瓷的纹样。[图15、图16] 这样的设计可能最早始于16世纪晚期，尽管现在已知的作品最早来自17世纪。葡萄牙仿制的陶器原型源于万历年间景德镇御窑生产的瓷器。陶器使用的色彩主要是蓝色和白色，图案采用了中国最为传统的花鸟毛翎，偶尔会出现人物图案。这些陶器的造型往往脱胎于中国的瓷器原型。这些作为原型的中国瓷器，在16世纪由里斯本大量进口。

同样的事情也发生在荷兰的代尔夫特，代尔夫特最早在1620年就开始生产仿中式彩陶 [图17]。然而，代尔夫特要到17世纪中叶才开始在陶器上大量采用中式图样，当时中国爆发了内乱，导致景德镇外销瓷的生产被迫停止。于是荷属东印度公司开始从日本的有田町购买瓷器。与此同时，荷兰陶艺师们开始生产仿中国纹饰的钴蓝彩锡釉陶器，这些陶器有的是对中国瓷器的纯粹仿制，有的则是根据中国式样进行的再创作。

代尔夫特的这些陶器工艺和设计风格后来被德意志的陶瓷作坊继承，尤其是在17世纪下半叶。德意志的哈瑙、法兰克福、波茨坦、柏林、卡塞尔和布伦史威格、阿斯巴赫还有哈弗尔河区等地的工厂的主要销售产品都纷纷采用中国图样。

在进行彩陶研制的同时，威尼斯人还曾尝试用玻璃仿制质地坚

图15

仿青白瓷陶壶

葡萄牙制造，17世纪早期，葡萄牙里斯本M.P.收藏

这件制作精巧的陶壶充分体现了中国风在欧洲传播的初期，中国瓷器对葡萄牙制陶工艺的深远影响。该壶面上的装饰纹样异常精美，上面的大部分图案源于明代万历年间的青花瓷。

图16

"肯迪（Kendi）"壶，仿青花兽形陶水注，葡萄牙制造，17世纪早期，葡萄牙里斯本M.P.收藏

这件名为"肯迪"壶的陶器的原型来自中国青花瓷。葡萄牙人是最早与中国接触的欧洲人，他们在16世纪早期从中国进口了大量的瓷器。葡萄牙的制陶艺人很快就开始仿制这种对他们来说还十分神秘的陶瓷。葡萄牙人使用白釉覆盖陶胎，并在表面使用蓝色珐琅彩加以装饰，以达到形似于青花瓷的样貌。

图17

代尔夫特仿青花瓷陶盘

代尔夫特制造，17世纪晚期

荷兰阿姆斯特丹阿伦森古玩协会收藏

陶盘上精致典雅的图案受到中国瓷器的启发，灵活借鉴了康熙
（1662—1722）早期瓷器的纹饰。荷属东印度公司当时从中国进
口了大量的瓷器到欧洲，代尔夫特的陶艺师由此开始大量仿制中
国瓷器，虽然他们当时只能生产陶器。

硬的东方白瓷。穆拉诺（Murano）的玻璃工人运用自己的知识和技能，成功地生产出一种被称为"乳白玻璃"（milk glass）的特殊材料，这种白色不透明材料是用锡铅玻璃料加入漂白剂制成的。在 15 世纪末期和 16 世纪早期的文献中，这种乳白玻璃经常被提及，并被称为"仿瓷"。尽管仿瓷的知名度很高，然而仅有极少数的几件乳白玻璃器物被完好地保存至今，而且它们都来自 16 世纪。和彩陶一样，乳白玻璃也在很大程度上受到了东方的影响，无论是形式还是主题，都非常清楚地反映了中国瓷器最显著的造型特征，并且采用钴蓝为主要色彩，通常伴有花卉纹样装饰。但与陶瓷不一样的是，乳白玻璃器并没有大量采用中国式样的树木作为装饰图样，取而代之的是来自意大利文艺复兴时期的图案 [图18]。

图18
乳白玻璃仿瓷陶器
威尼斯制造，约1510—
1520年，美国马里兰州
巴尔的摩沃特斯艺术馆
（Walters Art Gallery）
这是一件现存为数不多的
16世纪早期威尼斯乳白玻
璃仿瓷陶器。该器物上的花
卉纹饰明显借鉴了中国瓷器
图案的点缀方法。然而图中
所绘的是文艺复兴时代的
场景人物，因此严格意义上
说这是一件地道的欧洲"中
国风"陶器。

漆器

16 世纪晚期，欧洲开始仿制东方的漆器。和丝绸、瓷器一样，漆器也是远东的技艺成就之一。漆是通过割取漆树上提取的漆液提炼而成，而早在公元前 4000 年之前，中国和日本地区就已经使用漆器，漆器不仅表面光滑，还防湿防水。16 世纪上半叶，葡萄牙探险家与亚洲商人建立了商业往来，东方的漆器开始被进口到欧洲。为满足海外需求，日本也大量生产漆器，并且获得了巨大的经济利益。马可·波罗书中就有关于日本的传说，这在 16 世纪中叶成为现实，当时包括耶稣会创始人之一的圣方济·沙勿略在内的许多传教士远渡日本传教。[1] 据记载，东方的漆器最早出现在欧洲的记录是在 16 世纪早期，而到了 16 世纪末，漆器则更为频繁地出现在西方文献中。

与此同时，意大利开始生产漆制木具和皮革，尤其是在威尼斯普遍流行用漆艺加工制造工艺品，例如抽屉、乐器、画架镜子、桌子、书皮、盾牌和其他军用器械等 [图19]。这些东西表面都涂了一层类似清漆的涂料，大多数都是黑色的，也有一些是红色或绿色的，并装饰有黄金制作的雕花或者几何镶嵌波状纹饰。这样的装饰主要受中东地区的式样影响，而并非直接受到中国或日本的影响。尽管如此，绝大多数图案都是源自中国，在波斯经过当地人的筛选和修改，最后被威尼斯的工匠们所采用。

和威尼斯一样，在 16 世纪末期，佛罗伦萨也开始制造东方风格的漆制木具。其中最完美的珍品就是现在保存在锡耶纳的基奇萨拉奇尼宫（Chigi Saracini）的一张漆桌 [图20]。这张漆桌的桌面较薄，桌腿由圆形和方形木条拼接而成，四条桌腿之间用工字横栏连接。整张桌子漆有一层均匀的黑漆并用金色纹饰加以点缀。桌腿部分配

1　沙勿略在日本传教期间见汉文化的影响力强大，决定到中国传教，后来不幸病逝于广东上川岛，非常遗憾，未能进入中国内陆传教。

图19

描金漆木文具盒，威尼斯制造，16世纪晚期，私人收藏

这是一件16世纪晚期威尼斯漆器的典型代表。这件器物的装饰风格不同于中国和日本的漆器式样，而是借鉴了中东的造型设计，明显受到了大马士革设计理念的影响。特别是以黑色为底并浮金点缀的这种手法，在亚洲地区被广泛采用。

图20
描金漆桌，佛罗伦萨制造，
16世纪晚期至17世纪早期
意大利锡耶纳基奇萨拉奇尼
宫这张漆桌做工精致独到、
富丽堂皇，其描金装饰显然
是中国式样的，图中的人物
场景和山水花卉可以佐证。

有茎叶和小鸟图纹，桌面上使用了动植物场景图案；桌档的四面是由绿叶和花纹组成的拼花作为镶边。这些装饰图案也包括一些狩猎图。这些场景图画中的许多细节和服饰风格很明显源自中国，如撑着华盖骑马过桥的人物组图。从 16 世纪末期开始，类似的印度风格家具的信息频繁地出现在美第奇家族的购置物品清单中。然而"印度风"（all'indiana）这一词汇的定义却相当模糊，既可以指从亚洲和美洲进口的物品，甚至也可以被用来形容欧洲根据异域器物而生产的仿制品。

　　威尼斯和佛罗伦萨生产的漆器是意大利的中国风艺术品的早期代表，与当时荷兰和英格兰地区出现的漆器工艺[1]的发展情况是同步的。[2]在 17 世纪初期，荷兰开始广泛地仿制东方的漆器，其中很大一部分涂料配方是由荷兰南部的佛兰德斯人（Flemish）研制的。

　　约在 1610 年以前，阿姆斯特丹就已经形成了漆艺工匠团体，其中威勒姆·吉克是当时一位"仿中国式"的漆艺专家，并因此在当地艺人中有着举足轻重的地位。由于在当时，当地的漆器制作异常精美，由此学术界推测一些日本的漆器艺人被请到荷兰向欧洲人传授漆器工艺。在 1612 年，荷兰国会委托吉克制作一些漆器箱子作为礼物赠予奥斯曼帝国苏丹艾哈迈德一世。随后在 1613 年，吉克又为苏格兰王室的伊丽莎白·斯图亚特公主制作了 12 个漆盘，用于她和神圣罗马帝国普法尔茨选帝侯腓特烈五世的婚礼 [图21]。

1　英语把漆艺称为 Japanning。
2　译者注：英语和法语中的漆艺词汇源于两国对日本的称呼，与 China（中国）相对应。

图21

威勒姆·吉克（传），描金漆柜，约1620—1625年，荷兰阿姆斯特丹国立博物馆

这件小型漆柜最近被考证认为是出自威勒姆·吉克的系列作品。吉克是17世纪初活跃于阿姆斯特丹的一位荷兰艺术家。他制作的漆器受到欧洲藏家的推崇，因为他能够把中国和日本的漆器风格熔于一炉。此件漆柜黑底描金，配以花卉禽鸟，显得异常精美。

科学器物与版刻书籍

  亚洲与欧洲之间的域外方物的商品交流在 17 世纪达到了一个前所未有的高度，其中主要的进出口商品有香料、瓷器、布帛和茶叶。此时来自远东的器物不仅为欧洲王室珍藏，还得到众多学者的追捧。来自中国的器物，很多被放置在科学陈列室或奇珍室（Wunderkammern）等类似的收藏空间中。在意大利，这些百科全书式的中国藏品最早于 16 世纪便形成了一定规模。这要归功于那不勒斯的费伦托·因佩拉托、维罗纳的佛朗切斯科·卡尔切欧拉里、罗马的米凯莱·梅尔卡蒂、博洛尼亚的乌利塞·阿尔德罗万迪和费迪南多·科斯皮，以及米兰的曼弗雷多·塞塔拉等人 [图22]。他们收藏的来自亚洲的物品大致分两种：一是罕见的异域奇珍，二是能够代表一方风土人情的物品。

  在 16 世纪至 17 世纪，天主教修道会组织了许多传教士远赴重洋，到亚洲传教。特别是耶稣会，他们把欧洲以外的传教活动当作重中之重，希望尽一切可能让那些"异端者"皈依耶稣。利玛窦就曾到中国皇宫觐见过明朝万历皇帝，他对在华传教事业的贡献可谓

图22

学者费伦托·因佩拉托的奇珍室，《自然史》铜版插图，1599年，那不勒斯

16世纪晚期到17世纪早期意大利的科学器物收藏是欧洲博物馆的雏形。这些藏品中，不论是自然风物（naturalia）还是人工造物（artificialia），都被陈列在一起。收藏这些物品的场所被称为聚珍阁或奇珍室，并被持续不断地归类存档。藏家们希望收集来自中国的奇珍异宝，因为当时的中国对他们来说是一个遥远而又充满神秘感的国度。

功勋卓绝、空前绝后。作为一位学识异常渊博并且融贯中西的汉学家，他清醒地认识到，与中国的知识精英们甚至和最高的统治者——皇帝开展文化交流，是消弭中西文化隔阂的唯一途径，也是推动在华传教事业取得成功的必由之路。他深入学习中国的各种礼俗，包括经史子集、礼仪传统和市井风俗，掌握了与中国人沟通的方法。于是，他不再被中国人看作是野蛮的外邦人，而是被尊为来自西方的懂得礼仪文化的儒者。此外，利玛窦之所以能够如此顺利地赢得了尊重，其中一个不容忽视的原因是他向明朝的文人士大夫介绍了来自西方先进的科学知识，包括天文、数学、物理和地理等。即使远在中国，利玛窦也没有忘记向来往欧亚的传教士们请教当时欧洲最新的科学动态。他不仅仅在中国文人阶层传播最新的科学理论，他还审时度势，从实用角度出发，用中国人最能接受的方法介绍西方知识，希望借此消弭那些对西方文化抱有戒心者的疑虑。正因为如此，利玛窦特意把中国的位置设计在世界地图的中央，因为他知道一向以"天朝上国"自居的中国人不会接受把中国标在世界边缘的地图 [图 23]。在17 世纪的中国人心中，明朝位于世界的中心，也是文明程度最高的国度，而那些野蛮不开化的夷狄则生活在位于世界边缘的荒芜之地。利玛窦在中国的事迹，一部分被整理记录在传教士金尼阁于 1615 年在罗马编写的五卷本《耶稣会士在华传教记》中，还有一部分被收录在达尼埃洛·巴尔托利于 1663 年出版的《中国》[1] 一书中。尽管受到明朝政府的诸多限制，利玛窦的文化传播事业被许多来华传教士们继承了下来，他们回到欧洲后会把在中国学到的知识撰写出来，甚至刊印发表。

这些著作的蚀刻插图对中国风在欧洲的发展至关重要，它们给欧洲人带来了更为真实、更为具体的关于中国的信息。于是遥远的中国变得更为生动而立体地展现在了欧洲人的眼前：中国居民的外貌特征、山川地形、礼仪风俗、农桑作物、百工技艺，甚至是皇帝

1　*Della Cina.*

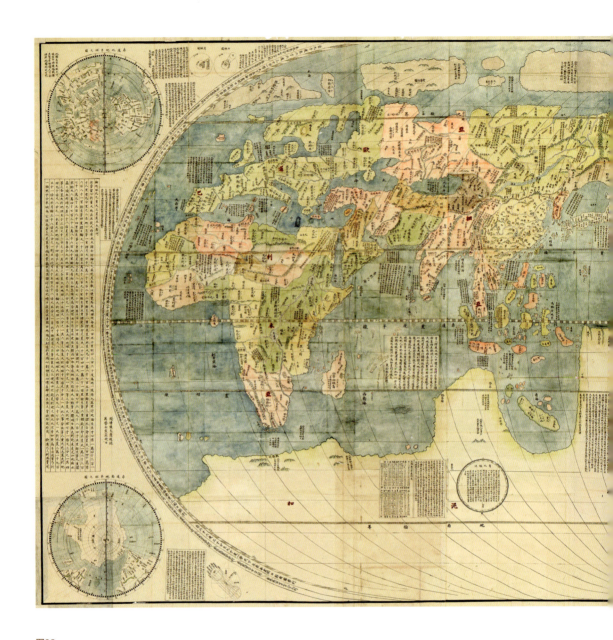

图23

利玛窦，《世界地图》，可能是1604年的复制品

原作出版于1602年，日本东北大学图书馆

这幅地图是后来制作的彩绘本《坤舆万国全图》的前身，是利玛窦为
觐见万历皇帝而绘制的。地图上标注的名字还带有日本假名。与当时
欧洲的世界地图不同的是，中国被绘制在了正中央，以符合明代统治
阶层自诩天朝上国的世界观。

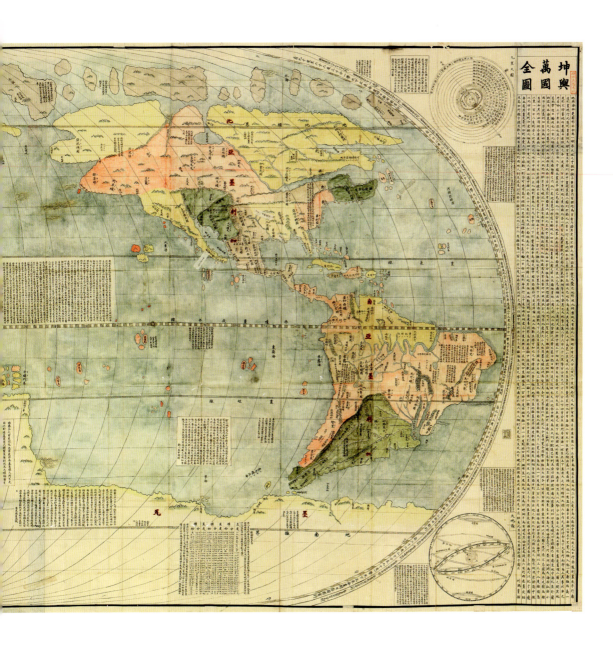

的画像、典籍中的错误。17 世纪的西方人对远东地区的认识整体上是美好的：那是一个和平、富庶、宽容的国度，在很大程度上与"落后"的 14 世纪的欧洲场景相类似。总之，欧洲人了解东方是为了满足他们对异域风情的幻想，而不是为了增长学识。因此，奇幻传说和虚构的远东历险记即使到了 18 世纪在欧洲仍旧非常流行。从中国进口的物品中，从耶稣会士口中，或是地理学家插图本书籍中呈现出来的中国，并不能客观地代表中国，因为那些是欧洲人经过主观选择后产生的视觉产物，是他们对中国的主观认识。

关于远东的见闻早在 16 世纪就已经在欧洲出版，可惜的是这些出版物仅有文字未配图片。1596 年，荷兰人让·哈伊根·凡·林斯霍滕出版了《林斯霍滕的印度游记》[1]，书中刊印了林斯霍滕根据自己在远东的经历绘制的插画。把林斯霍滕原画翻刻成金属蚀刻版画的是巴普蒂丝塔·凡·德特库姆。一幅绘有一位印度神仙与十四位日本圣人的蚀刻插画出现在 1615 年版由意大利费拉拉大公重臣温琴佐·卡尔塔利撰写的《古代神仙图本》[2]中。该书是帕多瓦的古玩商人罗伦佐·皮各诺利亚编辑出版的《印度众神像》[3]第二部中的其中一卷。

从 17 世纪中期开始，无论是耶稣会士还是荷兰新教徒编写的关于中国的出版物都大大增加了插画的数量。他们的出版物影响深远，后来 18 世纪的中国风绘画基本上都参照了这些插画。其中最广为流行的卷本是乔安·纽霍夫撰写的《荷兰大使在中国的见闻：广东、江西、南京、山东和北京的历史记录 1655—1657》[4]。该书于 1665 年在阿姆斯特丹出版，很快就被翻译成英文和法文 [图24—图26]。纽霍夫曾跟随荷属东印度公司使团访问中国，在旅途中以写生素描的形式把

1　*Itinerario: Voyage ofte schipvaert van Jan Huyghen van Linschoten naer Oost ofte Portugaels Indien, 1579—1592.*

2　*Imagini delli Dei de gl'Antichi.*

3　*Imagini de gli dei Indiani.*

4　*An embassy from the East-India Company of the United Provinces, to the Grand Tartar Cham, emperor of China.*

图24

《假山》，乔安·纽霍夫《荷兰大使在中国的见闻》插图，阿姆斯特丹，1665年版

这是纽霍夫绘制的版画插图，描绘了中国私家园林中的假山。伯纳德·费希尔·埃拉克1721年出版《历代建筑设计》（*Entwurf einer historischen Architektur*）一书就曾借用这一插图（第3卷图15）。中国的假山以"瘦、皱、露、透"为美，与欧洲古典主义讲究的对称和谐原则有很大的区别。这些石头被称为太湖石，产自江南太湖地区。中国人认为自然的力量可以抵御歪风邪气，而假山起到了代表自然的作用，常常出现在中国和日本制作的外销艺术品中。

图25

《中国的道士或僧侣》，乔安·纽霍夫《荷兰大使在中国的见闻》插图，阿姆斯特丹，1665年版

这又是一幅由纽霍夫绘制的、影响了欧洲中国风艺术发展进程的版画插图。图中的宝塔及中间人物的夸张的帽子式样都成了欧洲"契丹梦幻"典范，其范式一直沿用至18世纪。

图26

《南京大报恩寺琉璃塔》，乔安·纽霍夫《荷兰大使在中国的见闻》插图，阿姆斯特丹，1665年版

这是纽霍夫插图本中最为著名的一幅。图中描绘的是南京大报恩寺琉璃塔，也被西方人称为南京瓷塔，是欧洲人心目中中国建筑的典范。到了18世纪，该塔的造型备受推崇，在欧洲出现了许多仿南京瓷塔的建筑。伯纳德·费希尔·埃拉克也在他的书中收录了这幅图。

图27
《利玛窦和徐光启》，珂雪
《图说中国》插图，阿姆斯
特丹，1667年版

虽然图中描绘的是中国场
景，然而这幅铜版画却严格
按照欧洲巴洛克风格绘制而
成。尽管如此，法国的著名
古典主义诗人让·德·拉·封
丹看过此图后便作诗描写了
法王路易十四曾用中国进口
的丝绸装饰宫殿的掌故。

在中国的所见所闻记录了下来，回到欧洲后把素描翻刻成版画作为他游记的插画。该书一共收录有 150 幅插画，一部分是比较贴近现实的描绘图，一部分则加入了主观想象的成分，后来很多中国风艺术品都是以这些图像为模版而进行的再创作。

1667 年，著名的耶稣会学者阿塔纳斯·珂雪在阿姆斯特丹出版了《图说中国》[1] 一书。书中的插图 [图 27] 所描绘的介于纪实见闻与道听途说之间，成为后来许多中国风装饰艺术的范式，比如丹麦罗森堡宫的漆器室（约建于 1670 年）就参照了该书的图片。虽然珂雪毕生最大的愿望就是去远东传教，并且在 1630 年他被传召去罗马工作之前就多次向上级提出申请，但是他的上级认为他如果留在欧洲会对教会的教义传播更有帮助，于是拒绝了珂雪的请求。珂雪天资聪颖、博闻强识，从数学、物理、天文、音乐到人类学无所不通，是耶稣会最为人瞩目的通才。[2] 他认为人类文明起源于古埃及，并对欧洲以外的各种文化产生了极强的兴趣。他对中华文化的研究主要基于耶稣会在华传教士反馈到欧洲的信息，再加上对相关典籍的学习。在《图说中国》的序言中他列举了参考书目：1654 年出版于罗马的《鞑靼战纪》[3]、1665 年出版于阿姆斯特丹的《中国新地志》[4] 以及 1658 年出版于慕尼黑的《中国上古史》[5]。这三部书都是卫匡国编著的。卫匡国出生于意大利特伦多，后来被耶稣会派往中国传教，经历了明末的动乱，觐见过顺治皇帝。珂雪倡议在罗马学院建立一座博物馆，后来该博物馆成了造访罗马学者的必往学习之地。根据 1678 年的一篇介绍，该博物馆曾陈列了大量的远东方物，这些展品主要作为说教工具，而其艺术及文博价值却没有得到足够的重视。

1669 年，阿诺尔德斯·蒙塔努斯在阿姆斯特丹出版了图文并茂

1　*China monumentis qua sacris qua profanis, nec non variis naturae et artis spectaculis, aliarumque rerum memorabilium argumentis illustrata*，简称 *China Illustra*.
2　译者注：在西方，通才被称为文艺复兴人。
3　*De Tartarico Bello Historiae.*
4　*Novus Atlas Sinensis.*
5　*Sinica Historiae Decas Prima.*

的《荷属东印度公司赴日本使团纪闻》，书中的插图 [图28] 也成为中国风装饰艺术的范本。[1] 该书很快被翻译成英文，并于 1670 年在伦敦出版，书名被改为《日本地志》[2]。这部荷兰游记与纽霍夫写的类似，内容比耶稣会士所写的更为世俗，是耶稣会士远东纪闻的有力补充。早在 1650 年，蒙塔努斯出版了《东方妙境》[3] 一书，是当时研究东方的一部纲要性著作。《荷属东印度公司赴日本使团纪闻》的第一卷主要描述了荷兰使团于 1649 年至 1650 年间觐见日本幕府将军德川家光（1604—1651）的过程中所发生的各类事件。安德里斯·弗里休斯参与了此次外交行动，并且也用文字记录了其过程，但是他的描述却与蒙塔努斯的版本有很大出入。《荷属东印度公司赴日本使团纪闻》的第二卷则汇总了荷属东印度公司中的其他档案。该书一

1　*Gedenkwaerdige Gesantschappen der Oost-Indische Maatschappy in' t Vereenigde Nederland aan de Kaiseren van Japan.*

2　*Atlas Japannensis.*

3　*De wonderen van' t oosten.*

经推出就广为传阅，许多 18 世纪精通创作中国风的欧洲艺术家都使用了书中的图像资料。佛朗索瓦·布歇就通过该书得到了灵感，特别是在 1740 年为博韦挂毯作坊设计"中国系列之二"的组画稿件时，他受到该书的影响显而易见。

蒙塔努斯的《荷属东印度公司赴日本使团纪闻》由著名版刻大师雅各布·莫伊尔斯出版发行。莫伊尔斯是远东图像版刻的专家，他之前就和纽霍夫有过合作。莫伊尔斯计划出版系列丛书，希望能够涵盖全世界的地理知识。欧尔弗特·达佩尔也于 1668 年参与了该系列丛书的出版计划，撰写了两卷非常重要的关于非洲的作品。1670 年，他出版了《荷属东印度公司艺术家赴中国纪闻》[1]，后被翻译成英文，被称为《中国地志》[2]。该书再次论述了 1667 年荷兰使团在中国的外交活动，并且配有大量的图片 [图29]。他的关于亚洲的两本图书也同样被后来的艺术家用来创作中国风作品，比如老彼得·申克精心复制了书中的插图，用于出版他编辑整理的中国纹样，他的图书大致出版于 1700 年至 1705 年间。

随着东西方在文化交流与贸易往来的日渐频繁，关于中国的图书也逐渐增多。中国在欧洲逐渐形成了一个完整的视觉呈现，这主要归功于三位法国耶稣会教士：白晋、郭弼恩和李明。他们分别出版了《中国现况图像》[3]、《中国皇帝诏令史》[4]和《中国近事报道》[5]。特别是李明的书 [图30]，首次对中华文明的优越性提出了诸多质疑。[6]另外，在汉斯·斯隆（1660—1753）爵士[7]的推动下，《日本史》于 1727 年在伦敦

1　*Gedenkwaerding Bedryf de Nederlandsche Oost-Indische Meetschappye op de Kunste en in het Keizerrijk von Taising if Sina.*

2　*Atlas Chinensis.*

3　*L'éstat present de la Chine en figures*，1697年于巴黎出版。

4　*Histoire de l'Edit de l'Empereur de la Chine*，1698年于巴黎出版。

5　*Nouveaux Mémoires sur l'Etat présent de la Chine*，1696年于巴黎出版。

6　译者注：李明的这本书将由来已久的中国政府与天主教廷之间争论不休的"礼仪之争"推向了新的高潮。

7　译者注：汉斯·斯隆是当时著名的医生，累积了大量的财富，致力于收藏，他的藏品和藏宝阁是大英博物馆的前身。他也被认为是现代世界博物馆的奠基者。

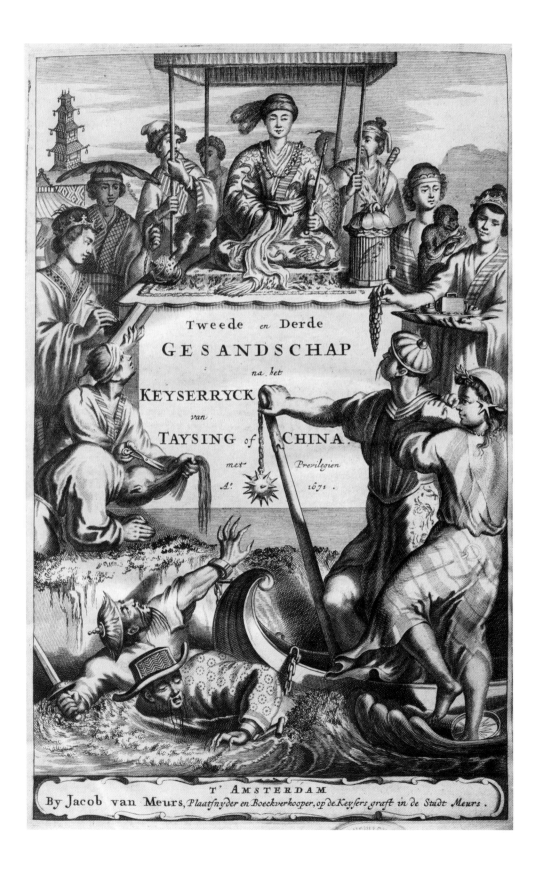

图29 ◀

欧尔弗特·达佩尔，《荷属东印度公司艺术家赴中国纪闻》封面，阿姆斯特丹，1670年版

欧尔弗特·达佩尔大量采用纽霍夫和蒙塔努斯出版的方物志中的插图，这些图书均由莫伊尔斯策划、编辑和出版。

图30 ▶

《中国皇帝康熙四十一岁像》，李明《中国近事报道》插图，1696年版

1696年，法国传教士李明在返回欧洲期间撰写并出版了他在远东的见闻，以1685年他作为法国外交使团成员出访暹罗作为开端。这部书在欧洲大受欢迎，其英译本很快在1701年就问世了。这本书的插图和珂雪数十年前出版的相关书籍类似，图像风格与中国传统插画相去甚远。尽管如此，中华文化所特有的并被欧洲中国风艺术大量采用的龙纹却在书中屡屡出现。

CAM-HY
*Empereur de la Chine
et de la Tartarie Orientale,
Agé de 41 an et peint à l'âge
de 32.*

出版，这是一部关于日本的历史与传统的重要典籍。该书的文字和图片主要由恩格尔贝特·肯普弗提供，他在日本生活了相当长的一段时间。耶稣会士关于中国的出版物中，内容最翔实、最具学术价值的一部书当属杜赫德[1]于 1735 年至 1736 年分别在巴黎和海牙出版的《中华帝国全志》[2]。这部书最特别之处在于它对中国艺术的传承与技法做了大量的介绍，并且辅以精美的图片加以说明 [图31]。

图31

《中国贵妇人》与《孔子》，杜赫德《中华帝国全志》中的两幅插图，
巴黎1735年初版、海牙1736年再版

这两幅插图配有耶稣会士杜赫德的文字说明。杜赫德为欧洲中国风艺术提供了大量的图片素材，在18世纪后半期尤盛。在意大利，那不勒斯和西西里的艺术家们在18世纪与19世纪之交采用了该书中的图式，在波尔蒂奇的法沃里塔庄园内的中国宫殿中绘制了装饰用的壁画。

1　译者注：郭弼恩指定杜赫德作为他的继承人，专门负责与中国相关的信息与书信整理工作。

2　*Description Géographique, Historique, Chronologique, Politique et Physique de l'Empire de la Chine et de la Tartarie Chinoise ... ornée d'un gran nombre de Figures et des Vignettes.*

18 世纪欧洲的
中国风

法兰西

France

"中国文人的宗教信仰是令人羡慕的。因为他们所尊崇的既不是迷信，也不是荒谬的传说，而是僧侣们规范的具有各种含义的教条，其教义与理性和自然并不相悖。"

伏尔泰
《哲学辞典》
1764 年

巴洛克式中国风

巴洛克式中国风于 1670 年在法国初见端倪，当时路易十四（1638—1715）委任建筑师路易·勒沃在凡尔赛宫苑中建造了特里阿农瓷宫（Trianon de porcelaine）[图 32]，并将此作为礼物送给他的情人蒙特斯潘夫人。尽管有人说它是模仿荷兰人纽霍夫在《荷兰大使在中国的见闻》中著名的插图《南京大报恩寺琉璃塔》，但实际上该宫殿并非多层塔式，而是单层建筑，有着十分考究的经典外观，与中式建筑结构并无太大关系。事实上，它的建筑外层标榜使用的陶瓷仅仅是产自代尔夫特、讷韦尔、鲁昂和利雪的带有彩色釉面的陶砖，根本不是中国特有的瓷砖。尽管如此，当时的作家们仍将它描述为非常典型的中国风建筑，或许是因为特里阿农瓷宫内外使用了大量的蓝色和白色陶砖装饰，而这样的装饰无疑是受到了东方瓷器的启发。青花瓷在当时的欧洲就是整个东方的象征。特里阿农瓷宫这个雄伟的建筑是欧洲第一个中式风格的行宫，但是鉴于它的维护成本极高，到了 1687 年只好把它拆除。[1]

1　译者注：维护成本高的主要原因是使用了试验性的彩陶作为外表装饰，这使得该建筑的防雨抗寒能力薄弱，不得不定期维护防止漏雨，而冬天室内需要大量取暖用的木炭，到了路易十四统治后期，法国王室财政拮据，无力维护。

图32

尼古拉·普瓦利·热纳，《特里阿农瓷宫》，铜版画，约1675年

特里阿农瓷宫是欧洲最早兴建的中国风园林。不过该宫殿的巴洛克风
格建筑与中式园林相去甚远，尽管其仿青花瓷的彩陶瓦片为该建筑增
添了中式风情。

　　然而，1684 年和 1686 年暹罗（泰国的古称）的外交团两次造访法国宫廷，再次引发欧洲对"异国风情"的浓厚兴趣，不久便转向狂热，形成了多种类型的欧式异国风情。欧洲人收集了来自东方不同种类的珍品，大多是与文化紧密联系的艺术品 [图 33]。来自暹罗的特使给路易十四带来大量原产自中国的珍宝，包括瓷器、玉器、漆器、纺织品和其他奇巧之物。这些敬献给"太阳王"路易十四的珍宝来自暹罗的君主那莱王（1633—1688）和他的谋士——来自希腊的冒险家康斯坦丁·法尔孔。这两次暹罗外交团出访法国的主要目的是为了促进暹罗和法国之间政治和经济联盟。事实上，当法国大使在 1685 年抵达暹罗首都大城（Ayuthia）[1] 之后，便开始和暹罗政府就建立与法国的外交关系进行了详细的讨论，而法国人早在 1680 年就在大城建设了工厂。国王路易十四首先试图让那莱王皈依天主教：尽管受到来自葡萄牙和西班牙的反对，因为根据天主教宗的规定，亚洲是葡西两国传教的势力范围。然而法国政府从 17 世纪 60 年代起，在得到暹罗政府许可的情况下，派遣了一些法国耶稣会教士去暹罗，而葡萄牙和西班牙却希望重新夺回亚洲地区宗教的掌控权。此外，国王路易十五开始动了掌控暹罗政治和军事的念头。在 1687 年，路易十五国王派出了一支武装舰队驻扎在暹罗的海岸线附近，然而暹罗国家内部统治出现了混乱的局面，最终迫使他终止了这个野心勃勃的计划：在 1688 年那莱王去世几天之后，他的希腊宠臣法尔孔就被通过军事政变上台的外戚兼大将帕碧罗阁逮捕行刑。帕碧罗阁成为新的国王之后，一改那莱王时代的门户开放政策，重新开始闭关锁国，并且驱逐了国内所有的外国人。尽管如此，由于法国和暹罗外交使团的互惠交流合作，两国的关系在那莱王时代日益密切，这也是巴洛克时期中国风在法国风靡的主要原因。尽管路易十四国王和康熙皇帝从未谋面，但是在两人统治期间，中法之间的外交关系良好，并且互利互惠。这主要都归功于在北京为康熙

1　译者注：华人习惯称大城，也有音译为阿瑜陀耶，取自印度史诗《罗摩衍那》，意为不落之城。

图33

安东尼奥·若利，《湄南河畔：法国大使拜谒暹罗国王宫殿》

18世纪初，私人收藏

暹罗国使团分别于1684年和1686年两次造访巴黎，在法国国王路易十四的宫廷多次推动了远东文化的热潮。1685年，法国大使回访暹罗，他们的外交活动被记录在这幅版画中。然而，这幅版画却是这次外交活动发生半个世纪后绘制的。

皇帝服务的法国耶稣会士。这其中有五位耶稣会士是路易十四国王在1687 年以"国王数学家"的名义专门派往中国的。由于这五位耶稣会士精湛的科学技能，洪若翰、张诚、刘应以及前文提到的白晋和李明在紫禁城接受了康熙皇帝的召见。其中白晋最得康熙皇帝恩宠，专门向皇帝教授几何学，并编写了《几何学概论》。1697 年，康熙皇帝派白晋返回法国，希望他能为清廷带来更多博学多才的传教士。在这之后，白晋还撰写了《中国皇帝康熙传》，路易十四国王正是通过该书对康熙皇帝有了初步的认识。另一位受到康熙皇帝青睐的法国传教士是巴多明，他编写了《钦定骼体全录》[1]。这些法国耶稣会士都在康熙的朝廷中身居要职。此外，毋庸置疑的是他们在康熙皇帝和路易十四国王之间搭建了一座文化"桥梁"，让中国和法国能够更进一步地了解彼此的文化。这样的文化交流对两个国家都有益处：康熙皇帝满足了他对科学的好奇和热情，路易十四国王满足了他对异域风情的向往。在艺术领域，康熙皇帝受到法国玻璃工艺的启发，在内务府建立了玻璃和珐琅彩工艺作坊[2]，与此同时，绝大多数的法国陶器工厂开始尝试研制与中国瓷器材料质地类似的陶土，这也是法国巴洛克时期中国风的主要特征之一。

到了 18 世纪，法国耶稣会士继续致力于在欧洲传播中国的历史文化。在当时最重要的著作要数《耶稣会士中国通信集》（*Lettres édifiantes et curieuses*），这部著作是由当时负责中国耶稣会的巴黎耶稣会总会长哥比安创编，1702 年至 1776 年共编 34 卷，记载了康熙、雍正、乾隆年间的白晋、马若瑟、宋君荣、冯秉正、沙守信、傅圣泽等众多法国耶稣会士的通信。哥比安生前一共出版了八卷，在他去世以后，杜赫德继承了他的遗志，完成了第九卷到第二十六卷的编写。神父帕都叶和安布罗斯·马雷查尔相继组织完成了剩下几卷的编写和出版工作。后来这些卷集被欧洲其他国家翻译并出版。这

1　译者注：该书用满文编写，现藏巴黎自然历史博物馆。
2　译者注：内务府中设有玻璃厂，根据雍正和乾隆朝的记录，玻璃和珐琅的分工并不十分明确，很多珐琅制品被称为玻璃。

部作品的重要性远远不止是向欧洲人介绍了遥远而又神秘的远东地志与风俗，或者提供了一部粗浅的编年史，其意义在于在欧洲文明与世界上其他不同文化有了直接的接触之后，欧洲人在比较东西文明异同的过程中，第一次尝试更为理性地对待自身文化中的不同习俗和传统，并进行更加合理的改良。基于这个原因，这部作品也被认为是在启蒙时代最好的百科全书作品之一。

　　法国皇家设计师让·贝兰是路易十四时代中国风的主要倡导者之一，他的装饰设计中运用了大量的远东元素，其中以中国风尤为明显。贝兰使用了一些中国人像、猴子和宝塔装饰图案来诠释路易十四皇帝所喜爱的"异国情调"，代替了半兽神人、古典塑像和天使图案等在法国传统设计中备受欢迎的样式 [图34]。而那些传统建筑内饰范式主要受

图34

让·贝兰，《怪异的中国风》铜版画，17世纪末到18世纪初

法国路易十四时代的内饰样本几乎都由贝兰设计，他出版了大量的插图绘本。在这幅以东方情调为主题的图画中，东方君主居中而坐，然而周围的繁复纹饰却基于16世纪晚期意大利的装饰纹样。

到了来自意大利地区的巴洛克大师贝尔尼尼、科尔托纳和波罗米尼的影响。由贝兰创建的巴洛克式中国风设计为整个 18 世纪的欧洲艺术家提供了一个范例。贝兰也还多次组织举办盛大的宫廷庆典，其中很多的灵感都源自中国。例如 1700 年 1 月 7 日在凡尔赛宫，路易十四亲自举办了名为"中国皇帝"的舞会，该盛典因其服装和舞台设计受到中国风启发具有鲜明的原创性而闻名。该晚会的舞台布置很有可能是基于荷兰外交官伊台斯描述的中国戏曲而创作的。伊台斯曾在 1692 年至 1694 年作为俄国外交大使出访中国。在巴黎举办的庆祝暹罗使团来访的杂技表演也是一场令人难忘的演出，中国元素也在这场表演中以及那个时期其他的演出当中频频出现。例如 1692 年法国剧作家勒尼亚尔的四幕喜剧《中国人》（*Les Chinois*），以及 1700 年的《盖拉尔迪的意大利戏剧》（*Théâtre italien de Gherardi*）和 1713 年的《集市》（*Foire*）。

从那时起，法国开始大量从中国进口货物，包括陶瓷、纺织品及中国、日本和印度生产的漆器等。这些物品被广泛收藏在法国上流社会人士的家居之中，他们甚至还专门聘请设计师制作新式家具来配合摆放这些异域奇珍。大量来自远东的货物主要由法属东印度公司负责进口。国王路易十四希望法国直接开展与远东地区的商贸，于是他敕令财政大臣让·巴蒂斯特·柯尔贝尔于 1664 年负责组建法属东印度公司。

由于大批量的商品被进口到法国，当地的纺织、陶瓷和家具制造商很快就发现自己面临着严重的经济危机，而唯一能够避免破产的办法就是去模仿东方的商品，以保证手工作坊能够继续运营下去。17 世纪末，在皇家委员会的支持和资助下，在内维尔和鲁昂建立了陶瓷厂。[图35] 内维尔的陶瓷厂是由意大利的贵族后裔路易吉·贡扎加在一些意大利陶艺师们的倡议下创建的。路易吉·贡扎加因为与拥有内维尔继承权的法国贵族亨利艾特·克里夫结婚，所以成了内维尔的公爵。17 世纪末，意大利文艺复兴后期出现的一些怪诞图案也开始流行起来，不仅陶艺家们开始使用这些图案，就连国王路易十四御用设计师贝兰也开始将这些图案用于装饰。鲁昂的陶瓷厂也因为国王路易十四而获得了极大的成功：由于当时国库严重亏空，国王路易十四为了削减开支，主动将银质餐具换

图35
仿中式彩陶盘
内维尔制造，17世纪晚期，比利时布吕热，罗布·米希尔斯

这件陶盘的纹饰是根据各种17世纪下半叶生产的中国青花瓷上的图案以及当时的欧洲中国风版画图示自由组合而成。图画的场景充满了田园牧歌式的平静和谐，虽然其中的某些人物以士兵的形象出现。

成了相对廉价的陶瓷餐具，并倡导臣民效仿，在法国掀起了陶瓷取代金属餐具的影响深远的社会变革。1709 年，国王路易十四还专门从鲁昂的陶瓷工厂订购了一整套彩陶餐具。

从 17 世纪中叶起，法国的贵族就已开始收集中国和日本的漆器。红衣主教马萨林更是收集了多达两百多件东亚漆器，其中最有名的就是现在收藏在伦敦维多利亚和阿尔伯特博物馆的"马萨林漆柜（Mazarin chest）"，它是 17 世纪下半叶日本漆器的上乘佳品。马萨林希望将他的官邸内部全部装修为日式风格，因此他也找了一些巴

黎工匠去仿制一些进口的日式器具，其中就有漆器制品专家尼古拉斯·弗勒。马萨林并不是法国国王宠臣中唯一对东方艺术品，特别是漆器痴狂的上层贵族。国王路易十四自己也收藏大量中国和日本的漆器，这些漆器大多是1684年和1686年来法访问的暹罗大使送给他的。

17世纪末，路易十四接受查尔斯·勒布伦[1]的建议在哥布林地区创建了家具厂，并开始在法国生产中国风家具。不过由于这些家具最终都没能保存下来，因此现在很难恰当地对它们进行精确描述。早在1674年，安托万·埃梅里就在他的作品《奇珍异物集》（*Recueil de Curiosités rares et Nouvelles*）中记录了漆料的制作方法。后来在1688年，又有一些有关中国漆料的书籍出版，例如《袖珍肖像画法》（*Traité de mignature*）和《中国漆料的秘密》（*Les Secrets de Faire le Vernis de la Chine*）。1696年，来华的法国传教士李明在他发表的文章中深入报道了关于东方漆料制作的研究动向。

哥布林和博韦的挂毯制造工厂分别于1662年和1664年建立并开始生产运营。博韦工厂从1690年起开始生产"中国皇帝"系列挂毯，并成为产品清单中的保留项目，一直到1731年才停止生产。虽然在市场中这个系列的挂毯是六联挂毯的组合，但实际上这个系列挂毯一共包含十个场景，每条挂毯呈现一个场景。这个系列挂毯是由盖·路易·韦尔纳萨、贝兰·丰特纳和巴蒂斯特·莫努瓦耶这三位艺术家共同设计完成的，他们的设计灵感也是源于纽霍夫、达珀尔、蒙塔努斯和珂雪等前人已出版的描述中国的图片和文字。挂毯中的《天学传概》[图36]场景图的原型是耶稣会士汤若望和南怀仁在清廷的活动。他们两人都因博学多才而在中国获得皇帝的赏识而闻名欧洲。南怀仁还撰写了《中国皇帝钦定欧洲天文学》，并于1687年出版发表，在这本书中他描述了在北京天文台观测设备的安装细节。

图36
《天学传概》，中国皇帝，主题挂毯，博韦工厂，17世纪末到18世纪初，美国洛杉矶保罗·盖蒂博物馆

1688年，法国博韦挂毯厂生产了"中国皇帝"系列主题挂毯，是巴洛克时代中国风艺术的精品。挂毯的图案设计精巧、取材多样，为路易十四和他的宫廷提供了远东风情艺术的源泉，虽然挂毯上的图案是想象出来的，和现实的清朝宫廷场景相去甚远。

1　勒布伦是路易十四最为崇敬的艺术家，被任命为首席御用画家，曾与财政大臣柯尔贝尔建议路易十四创立法国皇家艺术学院，后成为主席，促使了法国院派艺术的产生，对欧洲艺术的发展有着深远的影响。

洛可可式中国风

在 1709 年，年轻的安托万·华托在缪德行宫（Château de la Muette）中的皇家聚珍室 [图37] 虽然现在已经不复存在，但是它却被佛朗索瓦·布歇、埃提恩尼·朱拉以及建筑家老让·奥伯特使用版画大量复制。在华托死后，他的朋友朱利安整理出版《华托蚀刻版画全集》（1726—1735），而华托设计的聚珍室，也被认为是洛可可式中国风的鼻祖。华托设计的场景优雅中带着忧郁，完美地将中国元素和 18 世纪早期的欧洲结合在一起，将宫廷和乡村品位相互融合，并且还带有异域风情。鉴于这些作品名中的中文被精确地转写出来，因此华托很有可能亲自翻阅了正宗的中国画卷，也许那些绘画作品正是 1697 年白晋从中国返回法国时带回的四十九卷图画，作为礼物呈献给路易十四。在 18 世纪上半叶，华托的作品为法国的艺术家们提供了取之不竭的中国风灵感 [图38、图39]。

图37

安托万·华托，《中国风场景画》，佛罗伦萨，罗伯托·隆吉基金会

这幅木板油画原来很有可能是装饰用的壁板，或是家具的一部分，而被拆卸下来的年代未知。华托应该就是这件作品的创作者，其创作年代应该为1709年左右，当时华托正好在为缪德行宫中的皇家聚珍室做内饰。

　　华托创造了最经典的法国洛可可式装饰设计风格，洛可可式的建筑也为整体设计增添了不少光彩。后来克里斯托夫·休特借鉴了华托的范式，并设计出了休特自己最负盛名的中国风作品《大猴戏》（*Grande Singerie*）[1]，于1735年在尚蒂伊城堡完工 [图40]。该系列作品就是"猴戏"场景装饰绘画的一个代表——一种独创的中国风设计，没有半兽神人和天使，甚至没有中国人像，而全都用猴子来代替。休特的另一系列作品《小猴戏》（*Petite Singerie*）也于1735年在尚蒂伊城堡完工，这部作品充分展现出了休特的艺术天赋，他惟妙惟肖地展现了同时代的人如猴子般的行为。1757年，路易十五的情人、法国洛可可艺术最重要的赞助人之一蓬巴杜夫人买下了尚公馆，休特奉瓦里埃尔公爵之命设计装修了该建筑中的中国沙龙和小沙龙。1749年至1752年间，他奉红衣主教阿尔芒·罗昂之命负责装修设计巴黎罗昂酒店内的木板绘画。休特的设计风格采取折中方式，他将中国风与土耳其元素融合在一起，并吸取不同设计师的设计优点为己用。休特的那些中国风作品很明显受到了布歇的影响，特别是

1　译者注：Singerie，法文中"猴戏"是一种诙谐的绘画题材。这种形式的绘画由来已久，最早可以追溯到古埃及时代，常常描绘猿猴对人类活动的各种模仿。艺术家们常常使用这种题材描绘一些荒诞不经的事物，18世纪随着法国宫廷文化在欧洲的流行而出现在各种贵族城堡的内部装饰中。

图38 ◀

雅克·拉茹（1686—1761），《佛塔和异域珍果》，约1734—1740年

拉茹是众多法国装饰艺术家中最为出色的一位，他能够把洛可可和中国风完美融合。许多资料表明，这幅作品是为路易十五的妻子玛丽王后的浴室而创作的。

图39 ▶

加布里埃尔·胡奎尔，《瓶花、水果与孔雀翎》，《中国的鸟类、植被与花卉》插图，约1745年

这幅绘画清新典雅、古意盎然，使用了典型的中国静物画构图，体现了画家胡奎尔的独具匠心。这幅作品很有可能直接临仿了中国的画作或瓷器。其中的花卉如牡丹、梅花、菊花等都描绘得非常细致传神。此外，花篮也是典型的中国样式。

图40

克里斯托夫·休特，《中国风装饰画》

约1735年，尚蒂伊城堡，《大猴戏》系列

休特描绘的这类中国风绘画是18世纪早期欧洲中国
风的集大成者。这种风格要等到后来布歇创作新的
中国风绘画才开始出现大的变化。

布歇在 18 世纪 40 年代设计的中国题材博韦挂毯。[1]

伴随着"中国皇帝"系列挂毯的巨大成功，皇家挂毯制造厂决定再生产一批新的中国风系列场景作品。在布歇早期作品基础之上，第二套中国风系列挂毯含有六幅场景，主题分别为"中国宴会""中国集市""中国舞蹈""渔翁垂钓与美人""狩猎"和"中国园林"，这套系列挂毯一直持续生产到 1775 年。1759 年至 1763 年间，法国王室也订购了大量的该系列挂毯，并由外交大臣亨利·贝尔坦寄送给中国皇帝作为礼物。1767 年，两名法国外交官最终将这套中国风挂毯觐献给了乾隆皇帝，乾隆皇帝非常喜爱，并把这些挂毯摆放在圆明园内。1860 年，第二次鸦片战争中，英法联军攻破北京城，火烧圆明园，并把中国的珍宝洗劫一空，而其中两幅挂毯也被英国人带回了欧洲。[图 41—图 43]

虽然这套系列挂毯只包含六个场景，但实际上布歇起先一共准备了十个主题，除了之前的六幅，还包括"中国婚嫁""中国奇珍""吉祥富贵鸟"和"中国皇帝君临"。布歇创作的十件设计中的八件被展示于 1742 年的法国宫廷艺术沙龙，这些作品都是中国风设计最典型的例子。此外，布歇在 18 世纪 30 年代和 40 年代设计的中国风作品数量，也远远超过其他从事中国风艺术的设计师。在 1735 年至 1745 年间，得益于丰富的灵感，布歇创作了大量的中国风设计，其中有一些已经形成系列并被刊印成蚀刻版画。布歇的中国风设计充满了田园诗意，而在画面的具体处理上也结合了欧洲的特色。他创作的中国人物整体上既优雅又性感，但是人物的穿着和表情却又来源于欧洲本土的巴黎社会风尚。布歇是蓬巴杜夫人和国王路易十五的御用画家，而蓬巴杜夫人和路易十五又是东方文化的推崇者，这样得天独厚的优势让布歇创作了大量的中国风作品，而且这些作品被后人当作典范，在欧洲被学习模仿了几十年。布歇本人也是一位狂热的东方艺术品收藏家，他收集了大量的东方艺术品，其中有一些就

1　译者注：布歇这一系列作品的彩图设计稿曾参加法国王室艺术沙龙展览，最早一批被蓬巴杜夫人买下。后来韦博工厂生产了一批可能基于布歇设计的挂毯，作为路易十五赠给乾隆皇帝的礼物送往北京。

图41

佛朗索瓦·布歇，《中国皇帝君临》，1742年，法国贝桑松美术馆

这是布歇为法国博韦皇家挂毯厂设计的"中国系列之二"的十幅彩色画稿中的一幅。中国皇帝君临的题材来自17世纪，是当时生产的"中国系列之一"中最受欢迎的一种题材，而布歇又基于这一题材进行了再创作。

图42

佛朗索瓦·布歇，《中国集市》，1742年，法国贝桑松美术馆

布歇为博韦挂毯厂设计了"中国系列之二"，这便是其中的一幅。坐在由仆人推送的木质轮椅上的妇人，其形象其实来源于蒙塔努斯1669年出版的插图本中日本人的形象。

图43

佛朗索瓦·布歇，《中国园林》，1742年，法国贝桑松美术馆

布歇笔下的东方风情充满了田园气息。他非常喜欢描绘温婉静秀的中
国仕女，并配以和谐致远的景色，使得画面的氛围恬静感性。画作反
映的是18世纪中叶的欧洲人眼中理想化的中国。

是从巴黎文物商格森特那里购得的。这些东方艺术品或许也向他源源
不断地提供了中国风设计灵感。然而，他的作品和蒙塔努斯在1669
年出版的《图说日本》（一本描写日本风俗的著作）中的图片有极大
的相似之处[图44]，似乎也借鉴了彼得·凡·德阿的《世界美好画廊》[1]
以及中国宫廷画师焦秉贞在1696年奉康熙皇帝之命创作的《御制耕
织图》[图45、图46]。

　　让·巴蒂斯特·毕伊芒设计的中国风作品在欧洲更加广为流传。
受华托、休特、布歇和约翰·格里戈里厄斯·赫罗特的影响，毕伊
芒迅速成长为一位杰出艺术家，并在中国风于欧洲的推广过程中起
到了重要的作用。他设计的作品，无论是人像还是波斯纹饰，都在
18世纪下半叶被欧洲纺织制造商、陶瓷制造商和家具制造商广泛使
用，用以装饰他们的各种产品。他喜欢到处游历，几乎跑遍了整个
欧洲，而他的作品相对于其他艺术家的更容易被买到，因此他的设
计作品在欧洲广为流传。毕伊芒起初在哥布林陶瓷厂当学徒，时任

图44
《华盖木质轮椅》，蒙塔努
斯《图说日本》插图，1669
年，阿姆斯特丹出版
布歇在创作《中国集市》时
曾经参照了这幅17世纪的
版画。布歇显然对插图描绘
日本服饰这一原意并不介
意，转而运用这一图示来创
作中国场景的绘画。

1　*La Galerie agréable du monde*，荷兰来顿1729年出版。

图45

加布里埃尔·胡奎尔，仿布歇画作，《中国贵妇、孩童与仆人》，《中国场景》系列插图，约1742年

这幅画的构图受到了《御制耕织图》的影响，反映了布歇在创作中国风绘画的过程中确有参照来自中国的原画。尽管如此，布歇还是在原版《丝织图》的基础上因地制宜地做了修改，以迎合欧洲人眼中理想化的中国形象。

桑桑初剪绿
菜美伯上
归来日正
进村舍家
篓筐静春
蚕新时长
再眠

图46

焦秉贞,《二眠》,《御制耕织图》,1696年,北京出版

这幅版画是根据焦秉贞绘制的原画翻刻而来。康熙皇帝钦命组织《耕织图》的创作和刊印,并且为每一幅图画亲自题诗。在中国,这类百科全书式的劝科农桑的图书最早可以追溯至12世纪。这里所列的是1696年再制版本,从画面风格来看,画家显然受到了西方绘图技法的影响。布歇也许正是看到《御制耕织图》的中西绘画融合趋势,才想起借用其图式以迎合欧洲人的口味。

图案装饰部门主管的是久负盛名的设计师让·巴蒂斯特·乌德里,毕伊芒从他那里学到了丰富的技能。另外,毕伊芒的家乡是有着悠久手工纺织历史的法国里昂,这也在某种程度上解释了为什么毕伊芒非常擅长把装饰设计运用到纺织品图绘上。在18世纪下半叶,奥布松挂毯厂(Aubusson factory)专门采用毕伊芒的设计,生产了各式各样的带有中国图案的挂毯。毕伊芒第一件东方风格设计作品创作于1755年,那时他和马蒂亚斯·达利及乔治·爱德华合作编写了《中国风艺术设计进阶的最新指南》[1]。他最早的单幅中国风系列创作也是于 1755 年在伦敦刊印，该书名为《中式装饰新书》，后来在 1757 年类似的绘图本书籍陆续刊印出来，这些书籍的插图几乎都是由 P·C·卡诺绘制。通过与罗伯特·汉考克及安东尼·沃克等人合作，毕伊芒有近 950 幅作品被收录在《淑女娱乐》（The Ladies Amusement）一书中。此外，除了之前在英格兰发表过的，毕伊芒的其他作品于 1767 年被查尔斯·利维兹整理并出版《波兰国王第一御用画家毕伊芒作品集》。洛可可风格式微之后，毕伊芒的设计作品仍然在 18 世纪下半叶被广泛沿用，中国风设计在法国达到鼎盛。[图 47—图 49] 在此之后，欧洲的古典设计风格才成功地重新得到时尚设计的重视，法国艺术步入新古典主义时代。毕伊芒的设计风格属于

图47

让·巴蒂斯特·毕伊芒，《波斯花卉》，约1760年

这是毕伊芒设计、绘画和翻刻的六幅波斯花卉版画中的一幅。这种花卉图画风格受远东图画原画的影响较小，却成为毕伊芒中国风艺术设计的典范。

1　*A New Book of Chinese Designs Calculated to Improve the Present Taste.*

图48

让·巴蒂斯特·毕伊芒，《中国场景》，《巴洛克中国风六册之二》，1770年

这是毕伊芒设计的大型中国风图画中的一幅，由版画家卡诺翻刻刊
印。卡诺在当时翻刻了许多法国新风绘画。

图49

让·巴蒂斯特·毕伊芒，《幻想中的远东港口集市》，约1764年，美国洛杉矶保罗·盖蒂博物馆

毕伊芒的中国风设计图案集华托、休特和布歇之大成。他的场景设计装饰意味更加浓郁，用途广泛，既可以用来装饰陶器、丝织品，也可以用作室内装潢。毕伊芒也许是为了1764年维也纳的一场主题芭蕾舞会而创作的这套组图。

洛可可风格而并非新古典主义风格，其艺术魅力经久不衰，令人惊叹不已。路易·古热诺在1748年发表的《绘画、雕塑和建筑》中，对收藏家和他们的收藏品给出了这样的评价："对于这些'珍藏室'设计，另一个令人不满的地方在于它们的外观设计并没有实质性的提高，并没有变得更具有吸引力，总而言之，他们还在沿用已经泛滥的源自东方的宝塔等元素，毫无新意。难道我们的收藏家仅仅关注藏物的怪异程度，而本末倒置，不再追求高雅品位了吗？"

纺织品、壁纸、陶瓷、漆器和园林

18 世纪法国的设计风格导向发生了巨大的变化，但绝大多数的法国艺术品制造商仍然采用东方的设计来生产商品。除了皇家挂毯制造厂的产品，法国里昂和图尔的纺织品也因其出众的品质而闻名。这些挂毯和纺织品通常都带有东方趣味的图案，以满足消费者与日俱增的需求 [图 50]。尽管早在 1686 年 10 月 26 日法国就颁布法令禁止印花棉质服装（也被称为印度风服装）销售，法国仍然大量地从东方进口面料。为了保护法国传统纺织工厂的利益，法国政府甚至颁布法律，禁止民众穿戴印度生产的印花棉制品，也不允许法国本土仿制此类纺织品，即使当时法国的本土工厂已经掌握了印度的印棉技术，甚至进一步提升了制造棉质印花布料的工艺。由雅克·萨瓦里·布吕隆编写并在其去世后出版的《贸易通辞典》（1723）中也记录了类似的法律规定。这条法律颁布于 1723 年，用来保护那些在和中国产品竞争中濒临破产的里昂和图尔的工厂主。然而这些法律规定并没有得到预期的效果，东方的棉质印花布料仍然在黑市上流通。此外，在巴黎自由贸易区内的一些修道院也在生产这种布料，修道院拥有治外法权，世俗社会的执法部门无权干涉。从 17 世纪晚期开始，法国的"怪异丝绸"开始明显地受到东方元素的影响，而且越来越多的生产商也逐渐开始采用弗雷斯、亚丽克西斯·佩罗特和毕伊芒等艺术家的中国风设计样式。在布吕隆的著作中，也曾提到 17 世纪晚期法国非常流行的壁纸画——以东方图案装饰的彩色壁纸。相比于昂贵的东方纺织装饰品，壁纸成为一种用来装饰房间的更经济的选择，因

此在法国受到了极大的欢迎。而东方的纺织装饰品，在 1686 年被禁止进口后，在法国变得难以购得。

　　18 世纪法国的陶瓷厂也大多采用中国风设计。直到 18 世纪 50 年代，讷韦尔和鲁昂的工厂在生产的陶制器具及小摆件中仍然沿用东方纹饰，而桑斯尼、阿普雷、里尔、穆兰、拉罗谢尔、马赛、马里格纳克、穆斯捷、斯特拉斯堡、吕纳维尔、索镇、圣克劳德、尚蒂伊、文森特和赛弗尔等地的工厂也是如此 [图51—图53]。

图50 ◄

幔帐，法国制造，18世纪早期，美国纽约大都会艺术博物馆

这件纺织品上包含了许多18世纪普遍流行的中国风图式：中国花鸟、人物、假山及传说中的动物——龙。

图51 ▶

瓷制中国人物摆件，法国樊尚制造，18世纪中期，伦敦 E. & H. Manners

樊尚陶瓷厂开设于1740年，离巴黎不远。1756年该窑厂搬迁至塞夫尔，变为法国国王路易十五的私有资产，并得到了蓬巴杜夫人的大力支持。中国风装饰纹样在樊尚窑厂被普遍采用。该厂烧造的瓷器摆件通常使用质地较软的白釉，有时还加以彩绘或者鎏金。

图52 ▶

瓷制杯盏，樊尚制造，18世纪晚期，伦敦E. & H. Manners

塞夫尔陶瓷厂漫长的历史始于1756年，同年樊尚的窑厂搬迁至塞夫尔，离蓬巴杜夫人的府邸贝尔维宫很近。中国风题材通常出现在该窑厂早期的产品上，然而在一些新古典主义风格的瓷器有时也采用中国风装饰图案。

图53

彩陶果罐，斯特拉斯堡，
约瑟夫·汉农制造，1765—
1770年，罗马詹保罗·卢卡
斯收藏
汉农窑厂于18世纪早期建
立于斯特拉斯堡。建立者是
荷兰陶艺师夏加尔·佛朗索
瓦。这件彩陶上的中国风图
案很明显来自毕伊芒设计
的版画。

　　路易十五的首相孔代亲王兼波旁公爵路易·亨利·波旁收集了
大量的东方器物，尤其是中国和日本的瓷器。孔代亲王在 1725 年创
建了尚蒂伊瓷器工厂，由西凯瑞·西鲁管理。1729 年，弗雷斯被任
命为图案装饰部门的主管，他在孔代亲王收集的东方瓷器的启发下，
仿制了很多具有远东元素的瓷器。菲利普-尼古拉斯·拉廷将这些瓷
器资料汇总并分类整理，收录在 1735 年出版的《公爵专用画家弗雷
斯版刻刊印的源于波斯、印度、中国和日本的原版中国风设计》[1] 一
书中。拉廷去世后，胡奎尔也在 1742 年至 1750 年间编写了一系列
有关弗雷斯设计的"中国风作品"图书。在这些著作的某些版本中，
还额外附加了几幅中国绘画，这些可能是孔代亲王的藏品。弗雷斯
基于原版东方的图案，在一些细节的处理上增加了一些自创的方法，
以便这些图案可以更容易地被仿制在尚蒂伊出产的瓷器、清漆家具
和纺织品上面。从 1734 年起，雕刻师亨利-尼古拉斯·库西内和佛
朗索瓦·波特接受亲王的委托来到尚蒂伊工厂负责仿制东亚漆制家
具。不过非常遗憾的是，漆器与陶器的情况不同，其原材料是为亲

1　*Livre de desseins chinois tirés d'après des originaux de Perse, des Indes, de la*
　Chine et du Japon, dessinés et gravés en taille-douce, par Le Sr Fraisse, Peintre de
　S.A.S. Monseigneur Le Duc.

王特供的，不能批量生产销售，因此现存的漆器实物无法被证明是由尚蒂伊工厂生产的 [图54、图55]。

后来雅克·达格利制作出了"中国式"漆制家具，他是有名的工匠杰拉德的兄弟，于1713年从德意志搬到了法国。因为雅克获得了20年清漆专属使用权，因此他和画家皮埃尔·德·讷夫迈松以及奥德安三世一起制作漆制家具。讷夫迈松后来成了哥布林工厂中国

图54 ▶

让·安托万·弗雷斯，《中国设计》，1735年，法国巴黎国家图书馆

弗雷斯的中国风图案是根据路易·亨利·波旁收藏的中国和日本的瓷器设计而成的。弗雷斯还绘制了许多类似的图画，并且根据尚蒂伊瓷器工厂的需求做了图案调整。

图55 ▶

铜鎏金盖罗汉人物果罐

尚蒂伊瓷器工厂制造，约1740年，美国洛杉矶保罗·盖蒂博物馆

1726年，法国孔代亲王在他尚蒂伊的府邸开设了瓷器厂。早期生产的陶瓷主要是亲王私人收藏的日本进口陶器仿品。该工厂还生产了许多布袋和尚造型的摆件，在欧洲被称为"奇形塑像"。

项目的部门主管。雅克制作的漆制家具被称为"哥布林漆制家具"，专为法国王室生产，且工艺品质被认为可以与东方原产漆器相媲美。德布瓦·圣葛莱曾在《巴黎期刊史 1716—1717》中这样评价："雅克和他的团队对于中国设计有着深刻的理解，因此他们制作出来的作品与地道的中国品位相吻合。"

　　然而巴黎最好的漆匠则是马丁四兄弟。作为四兄弟的老大，纪尧姆·马丁在 1725 年荣获"国王御用漆匠"的称号。他的三个弟弟埃提恩尼、朱利安和罗伯特也制造了大量精美的作品，大到家具，小到鼻烟盒，都非常的精致 [图56]，因此深受法国贵族的喜爱。他们起初致力于仿制东方漆器，在模仿的过程中不断加入自己的元素，最终成功打造出属于自己的原创装饰风格，并得到了许多贵族的订单。他们曾在 1749 年和 1750 年分别为凡尔赛宫设计了两件柜橱，一件被放置在约瑟芬王后的寓所内，另一件被安放在蓬巴杜夫人的套房内。从 1747 年开始，在其子让-亚历山大的协助下，罗伯特开始在德意志为腓特烈大帝效劳。伏尔泰这位对中国文化和艺术的推崇者曾写诗文评价道："马氏兄弟所制之漆柜，已胜中华艺术之唯美。"[1]

　　1772 年，让·菲利克斯·瓦汀在巴黎出版了《画家、镀金艺人及漆器艺师的艺术》（*L'art du Peintre Doreur et Vernisseur*）一书。这部作品后来也成为法国漆匠工人们最主要的指南手册。瓦汀本人就是一位漆器收藏大家，同时又是杰出的画家、镀金艺人、香料与染料商人，他的客户就包括马丁兄弟。瓦汀写的这部作品不仅是基于自己的专业经验，还参考了法国耶稣会士汤执中的回忆录中对中国漆艺的记载。汤执中于 1740 年被教会派往北京，之后他在清廷供职，并在北京去世，他的回忆录于 1760 年在法国出版。[2]

　　在 18 世纪，越来越多的法国柜橱制造商直接在他们的产品中嵌入产自中国和日本的面板。这股潮流很可能是由著名的法国宫

1　原诗句为：Et ces cabinet où Martin/ A surpassé l'art de la Chine.
2　译者注：汤执中是一位植物学家，后来得到乾隆皇帝的恩宠，被批准进入御花园研究。除了植物学著作，他还编写了一部中法词典。

廷供应商托马斯·约阿希姆·赫伯特最先发起的 [图57]。这种混合制作法早在 17 世纪的英格兰就已经出现，例如现藏于维多利亚和阿尔伯特博物馆的一套于 1680 年为桑德兰第二任伯爵罗伯特·斯宾塞制造的系列家具。在荷兰也同样有这种家具制作方法，例如现存于阿姆斯特丹郭嘉博物馆（Rijks Museum）的一套精美的立式柜橱，在嵌有胡桃树、棕榈和苋菜纹样的木板上施以日式漆料。在路易十五时期，伯纳德·瑞桑博又改进了这项特殊的制作方法：他最早使用这项技术的作品要追溯到 1737 年，在枫丹白露宫为玛丽·蕾捷斯卡王后制作了一件带有梳妆台的柜橱。在此之后，无数的工匠开始效仿他的作品，其中让-亨利·厄泽纳和亚当·威斯威

图56
皮埃尔·米容四世，蓝漆描金中国风装饰案桌，18世纪中期，私人收藏
蓝漆的运用是马丁兄弟的独门绝学。这件案桌很有可能是马丁兄弟在著名艺人皮埃尔·米容四世制作的原件的基础上二次加工而成。

图57

**阿德里安·费则罗·德洛姆，欧式半桌，约
1750年，荷兰阿姆斯特丹皇家博物馆**

在欧式家具上镶配远东漆制图版在1750
年之前就在法国成为一种流行做法。这件
半桌上的漆器图版应该是从中国进口的
家具上拆卸下来的，原来可能是木箱的块
面板。

勒最为成功。他们曾在凡尔赛宫殿为玛丽·安托瓦内特的房间设计装潢。绝大多数法国柜橱制造商使用的中国和日本漆器都来自宫廷，制作的家具也只供王室内部使用，这也解释了为什么我们可以从历史文献上知道东亚漆制家具在当时法国非常流行，而现如今却非常罕有。1745 年，在漆制贴面家具开始流行不久后，著名经销商格森特在拍卖图录中这样写道："上乘佳品已经很难找到了，尤其是那些早期的作品，他们通常会被抬到令人难以置信的高价，甚至在荷兰也是这样。"

　　到了 18 世纪中期，已经在英格兰颇为流行的"休闲园林"（详见下一章）也开始在法国出现。著名的启蒙运动思想家卢梭在 1761 年出版的著作《新爱洛伊斯》（La Nouvelle Héloïse）中有提到，卢梭对这种时髦的趋势并不热衷，反而报以批评的态度。在北京生活多年的法国传教士王致诚于 1749 年向世人展示了中国皇家园林——圆明园。他的读者迅速将圆明园的构成元素融入正在英格兰建造的中式园林的设计中，并且越来越多的法国建筑师开始成为"中英混合式园林"（jardin anglo-chinois）的设计专家。例如安托万·理查德，他曾在 1774 年接受玛丽·安托瓦内特的委托，负责设计凡尔赛宫的花园；路易·卡罗吉斯在 18 世纪 70 年代为奥尔良公爵设计了蒙索公园（Parc Monceau）；约瑟夫·贝朗格为利涅亲王设计了博丽公园（Parc de Bolëil），这也是他最著名的设计作品。在所有园林设计中，两座最成功的典范是巴加泰勒花园（Jardins de Bagatelle）和圣詹姆斯花园（Saint-James），它们都位于布洛涅森林公园内。前者由贝朗格建造，后者则是在 1772 年由法国海军财政大臣克劳德·博达尔负责建设，博达尔还曾利用塞纳河水创造了许多有趣的水上游戏。

　　由法兰西皇家地理学家、工程师乔治·路易·路热编写的总计 21 卷的《新式花园与"中英混合式园林"的范式详解》[1] 在 1773 年至

1　Détails de nouveaux jardins à la mode et "jardins anglo-chinois".

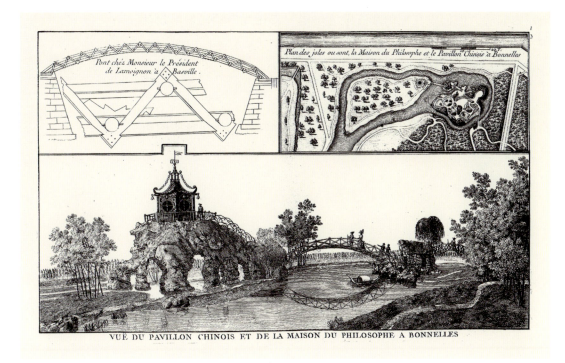

图58

**《法国博内勒的中国风园林》，乔治·路易·路热《新式花园与
"中英混合式园林"的范式详解》插图，1784年**

乔治·路易·路热出版的这本书一共有21卷，18世纪欧洲建造的所有
中国风园林中都或多或少与这部书中的设计有关。

1788 年间出版，里面提供了很多有关设计新式"中英混合式园林"
的建议。他曾因将圆明园风貌最为真实地刊印出来而闻名。1755 年，
劳吉尔基于威廉·钱伯斯的研究成果,编写了法语版《论建筑》（*Essai
sur l'architecture*），其中就包含乔治·路易·路热绘制的中式行宫系
列组图 [图 58]。几乎在同一时期的 1782 年，修道院院长雅克·德利
尔（1738—1813）也在巴黎发表了著作《花园景观艺术》。[1] 不久之后，
人们对于中英混合式园林的热情慢慢消退，甚至人们对于园林景观
的定义也因当时流行趋势的变化而转变，一时间许多园林设计师开
始回归古典，追求平衡与和谐。

1　*Les Jardins où l'art d'embellir les paysages.*

18 世纪欧洲的
中国风

英格兰

England

"她对中国的激情源于灵魂深处，
哪怕是一杯、一盘、一碗都可以燃起她
胸中的希望，使她喜悦洋溢、心潮澎湃。"

约翰·盖伊
《永怀：崇尚中华古国的淑女》
1725 年

斯图亚特时代

　　中国风在 17 世纪的英格兰逐渐兴起并得以蓬勃的发展，是因为
1600 年伊丽莎白女王（1533—1603）颁布敕令，准许建立英属东印
度公司，而该公司向英国进口了大量的远东货物。几乎所有在英国
能够左右国事的贵族成员都开始颇具规模地收集和使用中国瓷器、
印度纺织品、日本漆器和其他来自亚洲的奢侈珍品，并陈列在他们
巴洛克风格的府邸内。贵妇们是推崇该艺术潮流的主力军，她们对
这种新艺术品位的追求达到了疯狂的程度，因为中国风能够使她们
从传统的阳刚风尚中解放出来。在此之前，英国总是向源于古希腊
罗马的古典主义看齐。

　　光荣革命之后，与丈夫联合执政的玛丽王后（1662—1694）是
17 世纪末中国风在欧洲传播的领军者。玛丽王后爱好中国文化，并
热衷于收藏远东器物，在她的寓所汉普顿宫，每一间房间都高调地陈
列着进口的瓷器和漆器。这些物品展示出她紧随时尚前沿的艺术品位
和雍容华贵的皇家气度。可以肯定的是，玛丽王后根据丹尼尔·马罗
的建议，精心地布置了瓷器的摆放位置。马罗是一位建筑家和内饰设
计师，当时为玛丽王后以及她的丈夫威廉三世（1650—1702）效力。
在法兰西、荷兰和英格兰，马罗是巴洛克式中国风设计推广的领军人
物。他出生于法兰西，在荷兰长大，自 1685 年起开始为威廉三世工作。

他的作品大多完成于威廉在荷兰执政被邀请去统治英国的那段时期。在英格兰，马罗实现了他在法兰西上学时候萌生的艺术想法，并常常把他在荷兰感受到的中国风元素运用到他的画作中去。马罗的设计作品，尤其是那些室内装潢设计作品，奠定了中国风在整个欧洲的蔓延。他创作设计的"陶瓷宫殿"更是成为典范，从 17 世纪末到 18 世纪中期，欧洲各国皇宫纷纷以不同的形式进行仿造 [图 59]。

图59
丹尼尔·马罗，《中国宫殿》，《设计新书》插图，约1700年
图中所示宫殿就使用了马罗设计的中国风内饰，瓷器和绘画布局精美，富丽堂皇。

　　自 18 世纪晚期开始，随着东方商品在英格兰地区的日益普及，人们对中国风艺术品的需求也越来越大。为了削弱东亚贸易商的权利，满足本国人民的需求，英格兰的工匠开始生产中国风艺术品。因此，远东文化对英格兰产生了巨大的影响，这种影响不仅仅局限于陶器、家具、纺织品、建筑等手工制造业领域，还涉及文学、诗歌和戏剧等人文学科领域。

　　在当时，市场上能买到最好的漆料都产自日本，因此，在英格兰涂漆技术被称为"japanning"。起初，东方的商品在西方被照搬仿制，无论外形、制作工艺还是图案装饰，都是照抄东方设计。但是从 17 世纪末开始，西方在仿制东方商品的时候，逐渐加入了原创艺术设计。1688 年，英国人约翰·斯托克和乔治·帕克还出版了一部关于油漆技术的专著《论漆》(*Treatise on Japanning and Varnishing*)[图60]。尽管除了《论漆》之外，英国工匠们也会去参考威廉·萨蒙在 1672 年出版的《漆绘涂刷》(*Polygraphice* 或名 *The Arts of Drawing, Engraving, Vanishing, Gilding*)，但是《论漆》还是占据着举足轻重的地位。在纽霍夫 1665 年出版的版画著作启发下，《论漆》中的内容都配有 24 幅版画插图和数以百计的用以装饰漆器的图案设计。此外，书中还涵盖了大量异域风格的设计，包括中式风格设计、日式风格设计、印度风格设计、伊斯兰风格设计和欧式风格设计。正如作者在引言中介绍的那样，《论漆》并不是写给漆器制作专家的，而是写给漆器爱好者的。当时，自己动手制作漆器已经形成了一股潮流，越来越多的人对此表现出浓厚的兴趣，而这本书正是写给他们的。

　　斯托克和帕克曾将《论漆》献给当时的德比伯爵夫人，她在漆器制作上展现出独有的天赋。这本书不仅给那些热衷于这种源自东方的新艺术创作的女性提供了丰富的设计灵感，也给那些专业的漆制家具工匠提供了专业的指导。总的来说，古典艺术风格受制于希腊的宗教、政治和文化，而且只面向男性，而新兴的中国风并不受这些文化传统的限制，并且面向更广的受众群，例如妇女、处于英国社会底层的商人等。与欧洲流行的其他风格不同的是，英格兰的

Cloth
Brushes

Combs
Brushes

A Pincushing Trunk for Pendents Necklace Rings & Jewells

中国风更加"民主"，而新古典主义风格仍然与欧洲的贵族文化紧密相连。

斯托克和帕克的《论漆》在18世纪仍然占据着举足轻重的位置，直至1742年罗伯特·多茜的《从侍女到设计师》（*The Handmaid to the Arts*）一书问世后才打破了这个局面。相比之前的同类书籍，这本书的内容更通俗易懂，因此受到了广大读者的欢迎，并在1764年和1796年两次重印。

格里特·詹森是17世纪末至18世纪初英格兰最杰出的柜橱制造师。他本来自低地国家（比利时和荷兰），可能随着荷兰执政入主英国而前往英国谋生。1690年，他接到了英国王室的订单，制作了很多仿日本和风漆器家具。1693年，他为德文郡公爵设计制作了一个柜橱。18世纪晚期，吉尔斯·格兰迪作为英格兰最著名的漆面家具制造商，在伦敦开设了自己的手工厂，并且制作了大量漆面家具出口到西班牙：他最知名的作品就是给因法塔多公爵城堡设计的配套家具，这些艺术品现在被各大博物馆收藏，还有一些则由私人收藏。格兰迪的中国风漆器作品在装饰设计上大多使用朱红漆面，并在上面雕刻图案，而器具的造型则采用的是纯粹的英式设计 [图61]。这种中英合璧式的设计在当时的欧洲取得了非常大的成功，欧洲各国都曾将类似的设计融入自己本国生产的家具中。

尽管英国本土的漆器发展迅速且品质优良，仍然有大量的从中国和日本进口的漆器不断涌入英国市场，并已经严重影响到英国本土漆器作坊的生存。于是到1701年，英国本土的专业漆器匠人向政府要求限制东方产品的进口，以保障他们的生计。与此同时，英国本土的纺织制造商则发起了更为激烈的抵制进口的活动，以斯毕塔菲尔德（Spitalfields）的制造商为代表。尽管他们早已在产品中采用了东方装饰设计，而且政府也早在1670年颁布了相关法令限制了东方纺织品的进口，但是他们仍在遭受严重的生存危机。英国公众最青睐的印度棉质布料——具有最时尚印花的"生命之树"布料——一经问世就被中国纺织商仿制。自1618年起，英格兰开始引进印度的纺织品并主要用来做家居装潢。从17世纪中期开始，令欧洲人更

图61

中国风漆制木桌，英格兰制造，约1730年，私人收藏

这件巧夺天工、设计精湛的描金漆制木桌与英国漆艺大师吉尔斯·格兰迪制作的中国风家具类似。格兰迪曾在1730年左右为西班牙因凡塔多公爵的城堡制作了一套完整的中国风家具。

易于接受的设计理念传播到亚洲，很快就被印度的布帛生产作坊所采用。到了 17 世纪下半叶，印度布料的衣服已经成为一种时尚潮流，这种时尚潮流也赢得了丹尼尔·笛福的高度评价。1676 年，第一张印花纺织品制造许可证被独家授予威尔·舍温，直到 1774 年，此类东方织品才在英格兰被准予自由制造生产。

除了斯毕塔菲尔德的制造商，英格兰其他的纺织工厂都或多或少地在产品中使用具有异国情调的设计，其中就包括由约翰·范德班克创建的挂毯制造厂。[图 62] 到了 1700 年左右，范德班克将漆器装饰设计理念运用到挂毯设计中，制作了多个不同系列的东方样式的挂毯。这几大系列共包含约五十种不同的设计，其中有四件作品为美国耶鲁大学的创始人伊莱休·耶鲁购得。几乎在同一时期，印有"奇异"图案的面料服装在英格兰开始流行起来，才华横溢的奢侈纺织品设计艺术家詹姆斯·莱蒙的作品将这一潮流作出了很好的诠释，斯毕塔菲尔德的工厂也常根据他的设计仿制生产中式和日式的纺织品。

17 世纪晚期，萨瑟克（Southwark）、朗伯斯（Lambeth）、布里斯托尔（Bristol）和富勒姆（Fulham）的陶艺师们也开始设计生产中式风格的陶器。1672 年，富勒姆的约翰·德怀特获得陶器烧造工

图62
《东方风情挂毯》，伦敦，Soho工厂制造，约1715年，罗纳德·菲利普收藏
这幅挂毯是伦敦Soho工厂生产的东方风情挂毯系列中的一件。挂毯上的图案融合了中国、印度和伊斯兰的各种图像元素。

艺专利，他烧造出的陶器和中国的瓷器非常接近。1684 年，他还设计了一个红黑色的陶器，试图模仿宜兴紫砂壶，遗憾的是他并没有取得成功。直到 1690 年，两位来自荷兰的移民银匠艾勒斯兄弟通过使用产自斯坦福德郡布拉德韦尔伍德的红色陶土，才首次成功制作出英格兰的"宜兴"紫砂壶 [图 63]。除了仿制宜兴紫砂壶外，他们还使用这种陶土生产了许多 1678 年产的代尔夫特陶器。

早在 17 世纪初，本·约翰逊的戏剧里就出现了中国元素，约翰逊曾认为远东地区在未来终将毁灭。不过直到 17 世纪后期，中国风才被正式运用到舞台表演中。埃尔卡纳·塞特尔根据莎士比亚的《仲夏夜的梦》改编创作了歌剧《精灵女王》，添加了多个中国角色，于 1692 年在伦敦公演。罗伯特·罗宾逊很有可能参与了这部戏剧的舞台北京布景设计。罗宾逊专门从事东方风格设计工作，1696 年至 1706 年间他接受卡里家族的委托，共创作了 33 幅以中国和南美为主题的木板油画，用以装饰卡里家族在伦敦的豪宅。约翰·卡里和他的儿子托马斯·卡里都是当地重要的烟草商人，他们生意远至西印度群岛和俄罗斯。1698 年，约翰还一度执掌英属东印度公司。罗宾逊为卡里家族创作的 33 幅油画和现保存在维多利亚和阿尔伯特博物馆的另外 11 幅木板油画非常相像 [图 64]。1705 年，罗宾逊还参与了卡效尔顿庄园（Carshalton House）的小会客厅装潢。虽然这次装潢风格主要采用的是意大利田园风格，然而在某些装修的细节仍能体现出中国风设计，这体现了罗宾逊的设计取向。卡效尔顿庄园的主人是爱德华·卡尔顿，和约翰·卡里一样，爱德华也是一位烟草商人。也许，在中国风在英格兰传播和发展的初期，那些和亚洲、美洲有贸易往来的商人对这种潮流起到了重要的推动作用。

罗宾逊是为数不多的致力于从事中国风主题创作的英格兰画家。英格兰和法兰西的"中国风"又有着很大的区别。在法兰西，"中国风"主要被华托和布歇等画家用于绘画创作，而在英格兰，"中国风"发展主要涉及的领域是实用艺术和园艺 [图 65]。

图63

仿宜兴紫砂陶制茶壶，艾勒斯兄弟制造，17世纪后期，英国伦敦维多利亚和阿尔伯特博物馆

艾勒斯兄弟在17世纪后期开始生产仿宜兴紫砂陶器。这件茶具不仅在材质上接近紫砂，而且在造型上也接近宜兴当时流行的风格。

图65

银制茶具，1684年，伦敦库普曼艺术珍品艺术行

17世纪晚期，英国流行使用中国风图画装饰银器，这套茶具便是这一时期的典型器物。其装饰图案不仅采用了中国人物、花鸟鱼虫，还融合了欧洲巴洛克风格的纹饰。

图64

罗伯特·罗宾逊，《中国风》，油画，17世纪末到18世纪初，英国伦敦维多利亚和阿尔伯特博物馆

这是维多利亚和阿尔伯特博物馆收藏的11幅罗宾逊创作的中国风系列木板油画中的一幅。罗宾逊是当时英国致力于创作中国风绘画的艺术家，他的作品反映了当时中国风艺术在英国的盛行。

"折中主义"中国风

18世纪初期，中国风主题开始频繁出现在公众视野中，作为"帕拉第奥"（Palladian）新古典主义倡导者，英格兰学者丹尼尔·笛福、约翰·波普和沙夫茨伯里伯爵等对中国风主题进行了强烈批判。

> 柔美的事物会取悦于我。这些来自印度的图画、日本的漆器和珐琅彩使我眼前一亮、为之一振。那色彩绚丽、光彩夺目的图画让我产生了无限的遐想。但是接下来又会如何？我是否应当放弃我良好的审美趣味？我是否还能如同以往那样再去赞赏意大利大师，或古代先贤们所创造出的美呢？

以上就是沙夫茨伯里伯爵所发出的感叹。和其他一些有影响力的英格兰学者一样，他拒绝接受中国风，并把这种表现柔美的艺术格调摆在绝对逊于古典主义的位置。他把纯净、和谐、抽象的罗马和希腊的古物，与美妙杂糅的欧洲异国情调相比较，因此他的这一理论可以被认为是因为对中国艺术的鉴赏力不足而得出的。直到19世纪末，由于东印度公司源源不断地将中国商品进口到欧洲，欧洲人才真正地确立了对中国文化的认知。而事实上，这些产自中国的商品是为了满足外国人的审美才那样设计的，和纯粹的中国审美之间没有丝毫联系。绝大多数欧洲人的审美能力有限，因而他们无法理解中国艺术的精髓，这也是为什么他们认为中国风是新奇的、奢靡的、怪异的甚至是邪荡的原因之一。在沙夫茨伯里伯爵等人的眼中，中国风已经开始威胁到新古典主义风格。

绝大多数英格兰的知识分子把中国风和女人出轨联系在一起，并认为它代表了淫邪，是违背古典主义的伦理和道德的。这一观点又被1740年出版的色情诗歌《中国传奇》所佐证。这首诗歌讲的是一个美丽的伴娘婵嫣拒绝和一个高官发生不伦关系的故事。其中有一个场景讲的是婵嫣的一位追求者躲在一个巨大的瓷罐里，偷窥她在镜子前面自慰。房间里的家具等装饰都体现出中国风：天花板上雕刻着龙和花卉，室内的家具也都具有远东特色。这些都被休伯特·佛朗索瓦·格弗路记录在他的雕刻插画著作中。出生于巴黎的格弗路在英格兰的主要工作是宣传法兰西式洛可可艺术风格。

中国风在法国受到了极大的欢迎，促进了法国时尚的创新发展。威廉·德拉库尔的《第一本装饰书》（*First Book of Ornament*）也将中国风带到了英格兰，不过在那里中国风受到了英格兰人民的轻视，这很可能与英法之间的"七年战争"（1756—1763）有关。

18 世纪中期，反对中国风的声音又开始出现，在这种声音下，中国风强势回归，并获得了霍勒斯·沃波尔等重要人物的推崇。

> 每天当我发现希腊、罗马、意大利、中国和哥特式建筑设计相互抄袭，命名张冠李戴的时候，我情不自禁地想到，无论做什么设计，优雅简洁才是最重要的。

在 18 世纪中期，折中主义开始在英格兰盛行，沃波尔对于在英格兰推广中国风逐渐失去了热情，转而成为一名折中主义倡导者。折中主义风格是将中式、哥特式和法兰西洛可可式风格不协调的地方优雅地结合起来。因此在英格兰，折中主义风格成了古典主义风格最大的挑战者。然而，很少有折中主义和古典主义结合的案例，因此这种对比也不总是那么明显，我们将会在以后的章节中进行讨论。

一些有影响力的装饰刊物影响了折中主义中国风作品的创作。1751 年，马蒂亚斯·达利撰写了《中国式、哥特式和现代椅子的新书》[1]。一年后，洛克和科比兰德也合作完成了《中国风装饰新书》[2]。

1　*A New Book of Chinese, Gothic and Modern Chairs.*
2　*New Book of Ornaments in the Chinese Taste.*

1754 年，托马斯·奇彭代尔出版了《绅士与木艺指南》[1] [图 66]。作为当时英格兰中国风设计的"圣经"，这本书提供了大量既优雅又实用的哥特式、中式现代家具设计，共包含 160 种设计方案，涵盖椅子、桌子、橱柜和抽屉等家具种类。同年，马蒂亚斯·达利和乔治·爱德华又共同出版了《中式设计对当代品位的提升》[2] [图 67]。

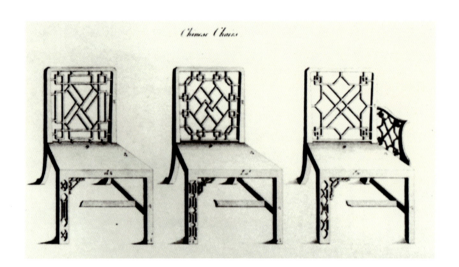

图66
托马斯·奇彭代尔，中国木椅，《绅士与木艺指南》，1754年伦敦出版
托马斯·奇彭代尔出版的这部指导性的书籍是18世纪英国最具影响力的家具图谱。他所举例的设计都是"折中主义"风格，中式、哥特式、法式等多种艺术元素兼而有之。

图67
马蒂亚斯·达利和乔治·爱德华，《中国宫廷园林的构建》，《中式设计对当代品位的提升》，1754年伦敦出版
马蒂亚斯·达利和乔治·爱德华出版的书籍收录了大量的家具、壁炉和花瓶座子的中国风设计范例。其中这一分册还包含了山水画和中国纹饰的图样，用来制作漆器、瓷器和纺织品。

1　*The Gentleman and Cabinet-Maker's Director.*
2　*The New Book of Chinese Designs Calculated to Improve the Present Taste.*

　　这些手册主要适用于家具制造和室内装饰领域，包括约翰·林奈尔，他曾为伯明顿庄园第四代公爵博福特的"中国风"卧室设计了家具（这些家具现收藏在伦敦维多利亚和阿尔伯特博物馆）[图68]。当时所有人都把奇彭代尔的作品当成想要超越的目标，在这样的目标刺激下，托马斯·约翰逊在1756年至1758年间创作了高质量的梦幻般的中国风作品，并获得了极大的成功[图69]。1757年，英国出版了建筑学家威廉·钱伯斯的《中国房屋、家具、服饰、机械和家

图68
威廉和约翰·林奈尔（传），漆制博古架，约1755年，私人收藏
这件西洋博古架借鉴了中国佛塔的造型，并且使用了中国原产的漆制木板作为内部镶嵌材料。这件家具的风格十分典型，应该是出自威廉和约翰·林奈尔之手。威廉和约翰·林奈尔是18世纪中期英国最为成功的中国风家具设计家。

图69
左：《带有镜子的壁炉装饰设计》插图，托马斯·约翰逊《设计全集》，1758年
右：插图，威廉·英斯、约翰·梅休《世界家具体系》，1762年

18世纪，英国的中国风设计的典型就是融合各种中西元素的壁炉。总体上这些壁炉的设计是基于18世纪30年代法国洛可可风格的壁炉，而法国的那些壁炉深受哥特建筑风格的影响。来自中国的元素如人物、花卉、园林和动物等，都为哥特式设计增添了更多的诡异气氛。

图70
毕伊芒，《中国风》，《淑女娱乐》的彩色插图，1758—1760年，伦敦出版

《淑女娱乐》是为广大欧洲的中国风设计爱好者出版，而并不只针对专业的设计师。其中许多原创设计出自法国设计师毕伊芒之手，当时他经常与英国的出版商合作，出版设计图书。

庭用具设计图册》[1]。这本书相对于之前同类作品，提供了更多有关中式建筑设计装饰的分析研究，因此，钱伯斯和罗伯特·亚当后来也被认为是新古典主义最重要的倡导者。

在同一时期，罗伯特·萨耶也在伦敦出版了《淑女娱乐》[2] [图70]和《轻松制作漆器全工艺》[3]。这部作品包含了 1500 多个设计方案，有关中国风的设计就高达 900 个，而这其中绝大多数都是当时在英格兰工作的毕伊芒创作的。法兰西艺术家毕伊芒于 1754 年抵达英格兰，很快就成了英格兰地区传统中国风设计和传播的领军人物。这本书和同时代其他同类别的书籍一样，不仅适用于专业工匠和制造商，也适用于普通中国风设计爱好者。这本书从漆木家具到陶瓷制品，为读者提供了大量的实例。

在《淑女娱乐》中，最能展现出中国风的创新室内设计方案，是中国风爱好者、著名演员兼戏剧经理大卫·加里克和他奥地利籍妻子伊娃·威格尔的卧室设计方案。其中白色和绿色的漆木家具就是在 1772 年至 1778 年间由托马斯·奇彭代尔的工厂设计生产的（现在收藏在伦敦维多利亚和阿尔伯特博物馆）。毕伊芒也恰好在那个时期第二次来到英格兰，为加里克在汉普顿的房子设计了 11 幅装饰画。

1769 年，奇彭代尔和罗伯特·亚当一起为约克郡的罗兰·温爵士在诺斯特尔庄园的家进行了装修，并设计了一整套中国风家具和彩绘墙纸。亚当和奇彭代尔并没有将詹姆斯·佩恩在 1736 年设计的洛可可风装修拆除，而是将它与新古典主义风格进行了融合。这种结合就形成了一个全新的风格，这个风格将洛可可式中国风的优雅和希腊风格的特点完美地结合在了一起。奇彭代尔设计的家具通常是在绿色漆木上面绘制金色中国风图案，他设计的中国风墙纸上也通常绘有花鸟图案。东方元素和西方元素的碰撞以及东方镂空图案和西方田园图画的对比，映射出东西方文化的交融。诺斯特尔庄

1　*Designs of Chinese Buildings, Furniture, Dresses, Machines and Utensils.*

2　*The Ladies Amusement.*

3　*Whole Art of Japanning Made Easy.*

园中的中国风设计和古典风设计差异之处也被巧妙地处理了：希腊
风设计的简洁、中国风设计的不规则怪异一起运用到中式房间中，
这只会凸显不和谐，而且当时一些杰出的知识分子无论从理论上还
是道义上都拒绝将两者结合在一起。约翰·温克尔曼在1763年出版
的《古代艺术史》中曾这样写道："中国人眼中的美，是以丑为美。"[1]

　　当时最著名的英格兰中国风建筑，就是白金汉郡的克莱顿府。拉
夫·弗尼爵士的克莱顿府建于1757年至1769年，其外表是经典的帕
拉第奥式风格，而内部装修是梦幻奢华的中国风设计 [图71]。雕刻工
匠卢克·莱福特主要负责装修餐厅和中国风客房，这两个房间的设计
也使用了诸如宝塔和飞鸟等中国元素。当时英格兰有很多有关中国风
设计的书籍，这些书籍给莱福特设计中国风图案提供了很多灵感，让
他创作出自己独有的中国风设计。

图71
《中国风居室装饰细节》，
1757—1769年，英国白金
汉郡克莱顿府
克莱顿府的中国风居室是
18世纪英国最为梦幻的建
筑设计。该府邸的内部装
饰是由当时才华出众的艺
人卢克·莱福特于1769年完
成的。

1　*History of the Art of Antiquity (1763):* "[Chinese eyes are] an offense against Beauty".

18 世纪下半叶，虽然折中主义中国风逐渐普及，但是纯中国风设计仍然被英格兰厂商使用。

17 世纪晚期，印刷和手绘墙纸就已在英格兰流行起来。对此，约翰·霍顿曾在 1699 年这样形容："现在越来越多的墙纸出现，以取代原来的悬挂装饰物，对墙壁进行装饰。而且，当墙壁上整齐地贴满墙纸，也会显得非常干净漂亮。也有一些是和墙壁一样高的，相互粘在一起的墙纸。"

尽管政府从 18 世纪初就开始对中国墙纸征收进口税，中国墙纸在英格兰还是取得了巨大的成功。其主要原因是与纺织墙壁挂毯相比，墙纸很便宜，而且大量不同种类的墙纸也给消费者提供了不同的选择。在中式和印度印花丝绸及其他中国风物品的启发之下，中国风图案被广泛用来装饰墙纸 [图 72]。

图72
英国的中国风墙纸，约1770年，英国伦敦维多利亚和阿尔伯特博物馆

中国生产的墙纸画，无论是印刷品还是手绘本，在18世纪的英国都极受欢迎。它们通常以几幅绘画拼接成完整场景的长卷形式出售。当时这些中国墙纸也出口至欧洲各地。

18 世纪中期，中国风瓷器开始和传统瓷器一起生产 [图73]。切尔西、波尔、德比、利物浦、洛斯托夫特、布里斯托尔和伍斯特等地的工厂开始仿制中国和日本本土的商品，以及专门为欧洲设计的带有中国图案的商品。这些英格兰本土工厂生产的瓷器试图和进口的中国瓷器竞争。例如建于 1747 年的波尔瓷器工厂将其在伦敦东部的分厂命名为"新广东"，因为在当时，广东是中国的贸易中心，且常常跟英格兰东印度公司有贸易往来。尽管有本土工厂的竞争，18 世纪下半叶仍然有大量的中国瓷器被进口到英格兰。这主要是因为跟英格兰本土生产的瓷器相比，进口的中国瓷器更便宜。当时，当地中国瓷器主要由被称为"中国佬"的生意人在销售，而他们也是从

图73A ◀
瓷香炉中国人物摆件，切尔西，1745—1749年，伦敦E. & H. Manners
英国切尔西瓷器工厂由尼古拉·斯普里蒙特创立于1743年。该工厂成立不久便成为英国最重要的陶瓷生产中心。早期生产的瓷器主要受到了中国德化白瓷和德意志梅森瓷器的影响。

图73B ▶
白瓷观音像，切尔西，1750—1752年，伦敦E. & H. Manners
观音是佛教慈悲为怀的代表，而福建德化白瓷观音像曾于17世纪中叶大量出口至欧洲。欧洲的许多瓷器工厂都仿制生产观音像，因为观音与基督教中的圣母玛利亚的形象类似。

东印度公司在兰特荷街举办的拍卖会上买到的。这些"中国佬"的总部设在伦敦，但是他们的业务范围不仅限于英格兰，他们还将中国瓷器连同英格兰本土瓷器一起出口到爱尔兰和北美。

英格兰是唯一一个生产带有洛可可式中国风图案银器的欧洲国家。作为18世纪英国最优秀银匠，保罗·拉美瑞成功地将法式洛可可风格和取自陶瓷纹饰的中国风图案结合在一起，创造了银器艺术的巅峰 [图74]。

图74
保罗·拉美瑞，银制茶叶罐，1747年，伦敦金匠工会
保罗·拉美瑞是当时最具才华的银匠。他制作的中国风银器都使用了雕塑感极强的造型法，让作品显得美轮美奂。

中英混合式园林

18世纪，英格兰对中国风在欧洲发展作出的最大贡献就是创造了被后人熟知的"中英混合式园林"。与精致细腻的文艺复兴和巴洛克式意大利园林形成鲜明对比，英格兰园林通常将植物和建筑不规则的放置，而这恰好就是中国园林的特征。事实上，中英混合式园林这个概念是基于萨尔瓦托·罗莎和克劳德·洛兰在17世纪中期设计的虚拟场景，通过结合中式楼阁创造出来的。不过，英格兰设计的中英混合式园林很有可能也是对法式园林取得成就的一个回应。法国著名园艺家安德烈·勒诺特尔曾设计了举世闻名的沃勒维贡特庄园和凡尔赛花园。

中英混合式园林最早于1685年出现在威廉·邓波尔爵士的著作《论伊壁鸠鲁花园及其他》[1]中。邓波尔爵士在书中写到，不规则的园林是由中国发明的，在日本，人们将这种不对称布局风格称之为"Sharawadgi"，即"优雅"而又布局"不规则"。邓波尔爵士当时是英格兰驻荷兰大使，不仅熟练使用日语，而且也熟悉尼霍夫的著作，并因此了解到了中国的圆明园——一个被旧颐和园环绕的大花园，遗憾的是，圆明园后来在战争中被摧毁。圆明园也出现在王致诚的著作当中，并于1752年翻译成英文出版。

然而，意大利耶稣会会士马国贤创作的中国园林版画给当时英格兰建筑师提供了更多的有关中国园林的图片细节。1724年，他在从中国返回罗马的途中在伦敦停留。虽然现在已经无从得知马国贤的版画在18世纪20年代至30年代间对中英混合园林的诞生起了多大的影响，但是可以确定的是，罗伯特·萨耶在1753年出版的《北京的中国皇家园林》[2]和1766年出版的系列画作《中国山水》中，采

1　*Upon the Gardens of Epicurus.*
2　*The Emperor of China's Palace at Peking.*

用了大量马国贤创作的原型。

　　总的来说，那些景观设计顶尖大师成功地将"世界就是一个大花园，错落也是一种自然美"这个想法成功地推广和传承了下去。1712 年，约瑟夫·爱迪生也盛赞中国园林在自然景观的围绕下是如此的优雅协调。1715 年，伯灵顿勋爵在亚历山大·波普和威廉·肯特的协助之下，设计了他在奇斯威克庄园的花园，并引发了有关景观设计激烈的讨论，后来人们将此称为"如画"（picturesque）。兰斯洛特·布朗是第一位将西方古典园林成功转型的设计师，他借助自然环境，配上中式的亭台楼阁，设计了一个精致美丽的东方园林。在园林中建造各种不同国家建筑的目的是为了打造一个世界之窗，当人们漫步其中时，可以因领略到全世界不同地域不同历史文化建筑的风采而感到愉悦。

　　在英格兰，最早的中式园林建筑是由第一任科巴姆子爵理查德·邓波尔委托在斯托（白金汉郡）建造的。[图 75] 根据 1738 年的记载，这座园林中的建筑是由威廉·肯特创作设计的，肯特在

图75
中国风园林，1738年，英国白金汉郡斯托
建造于斯托的中国风园林是英国最早的仿中式建筑，极有可能是英国最著名的建筑家威廉·肯特设计的。建筑上的纹饰则是由意大利艺术家佛朗切斯科·斯莱特绘制完成。

18世纪30年代创作了大量的中式园林建筑方案。园林建筑外部的异域风格装饰是由佛朗切斯科·斯莱特设计完成的。斯托地区的中式建筑和约翰·加斯帕笔下的松岛寺有很多的相似之处。肯普弗也曾将松岛寺收录在1727年出版于英格兰的著作中。由于日本的松岛寺和斯托地区的中式建筑都坐落在小湖边，并且通过一座栏杆上装饰有瓷器花瓶的桥和外部相连。建筑外部绘制的中国妇人图案早已失去了颜色，而内部的漆木屏风和其他中式物品依然保留了他们原有的色彩。

理查德·贝特曼于1741年出生在一个对中国艺术和文化有极大热情的富商家中，在伯克希尔的老温莎庄园里建有一个完全中式的农场：在罗伯特·图尔尼耶创作的现保存在伯明翰艺术博物馆的中国风肖像画中，理查德·贝特曼身穿中式长袍，在桌前鉴赏中国书法卷轴。

同年，约瑟夫·古匹奉威尔士王子腓特烈（1707—1751）之命，在基尤建造了孔庙。腓特烈对于园林有着极高的热情，并且在英格兰大力推广法兰西洛可可式设计。孔庙中画满了孔夫子的肖像，在当时英格兰人民将孔夫子视为正义和圣人的典范。贵族们还希望在庙中有一个"游乐船"，但是只留下了托马斯·怀特设计的作品。

基尤的孔庙建成之后，1747年，托马斯·安森为他的弟弟乔治·安森在斯坦福德郡舒巴勒公园内修建了相同的建筑。乔治·安森是一个旅行家，因为冒险环游世界（1740—1744）而名声大噪。现在舒巴勒公园里面的遗迹被认为是他的旅行回忆。舒巴勒公园内有古典遗址、哥特式塔和凯旋门，1752年又建造了中式宝塔。这座中式建筑的设计很可能受到曾经和他一起环游世界的皮尔西·布雷德在中国广东制作的模型启发，模型的内部装饰有中国风图案、瓷器和灯笼。1748年，安森的冒险记录《环游全世界》（*Voyage Round the World*）被整理出版，其中包含了很多对中国和政府的批评指责，很有可能是由安森在中国广东和中国商人做生意间遇到的不愉快的经历导致的。作为第一本向欧洲展示对亚洲国家的不同观点的书，它表明了中国并不是乐土，而是需要帝王救赎的地方。

　　在威廉·哈夫彭尼和他的儿子约翰共同出版了《中国庙宇新设计》[1]和《哥特式建筑设计指南》[2]之后，紧接着又出版了《中式建筑和哥特式建筑装饰指南》[3]，主要介绍哥特式和中式风格建筑的设计思想和装修要点。很多其他的设计师也出版过相同主题的著作，例如爱德华和达利 1754 年出版的作品；保罗·德克尔在 1757 年出版的《中国建筑》《土木工程与装饰设计》和《气候影响建筑设计》[4]；爱德华·奥克利和查尔斯·欧沃在 1767 年出版的《哥特式、中国式和现代式的装饰性建筑》[5]；威廉·怀特在 1767 年出版的作品，等等。

　　前面我们说到了威廉·钱伯斯在 1757 年出版的著作对整个园林界有着极其重要的意义。作为一名建筑师，钱伯斯奉威尔士太妃奥古斯塔之命，负责设计建造邱园（英国皇家植物园）中异域风情的部分，以庆祝英格兰取得了英法七年之战的胜利。整个工程于 1763 年完工，钱伯斯也在同年出版了《邱园中的建筑设计》[6]［图 76］。尽管英格兰还有其他类似的建筑（例如本杰明·凯越于18 世纪 40 年代在格洛斯特建造的庄园，以及 1752 年原木结构的舒巴勒公园），直到 19 世纪初期，邱园中著名的宝塔一直是欧洲时尚建筑设计的原型。这座宝塔以南京宝塔为原型，钱伯斯凭借在中国学到的建筑经验，遵循中国建筑规范建造而成的。欧洲早在一个世纪之前就有了关于南京宝塔的设计版画，而钱伯斯也作为瑞典东印度公司代表，于 1743 年至 1744 年和 1748 年至 1749年两度在中国广东生活过。在中国，年轻的建筑师们每到一座庙宇、一座园林，他们都会记录和绘制下来自己在英格兰从未见过的事物。1772 年，钱伯斯出版了《东方造园论》[7]，他严厉地批评

1　*New Designs for Chinese Temples (1750—1752).*

2　*Rural Architecture in the Gothic Style (1750—1752).*

3　*Chinese and Gothic Architecture Properly Ornamented (1752).*

4　*Chinese Architecture, Civil and Ornamental, Adapted to this Climate*（1757）.

5　*Ornamental Architecture in Gothic, Chinese and Modern Taste*（1758）.

6　*The Garden and Buildings at Kew.*

7　*A Dissertation on Oriental Gardening*（1772）.

A View of the Wilderness with the Alhambra, the Pagoda and the Mosque.

图76

威廉·马洛，基于威廉·钱伯斯的设计，《阿尔罕布拉宫、清真寺和中国佛塔周围的野趣》，《邱园中的建筑设计》，1763年，伦敦

邱园的设计参照了各种东方建筑的元素，包括中国、摩尔、欧洲古典和埃及等风格。瑞典籍的钱伯斯是最受英国王室青睐的建筑家，他曾两次造访广州学习中国艺术。他的中国风设计与之前欧洲人想象中的契丹梦幻有很大的区别，在一定程度上改变了中国风设计的导向。

了英式园林，尤其是那些由他的主要竞争对手兰斯洛特·布朗设计的园林。钱伯斯认为布朗设计的园林缺乏对自然的模仿，并盛赞中国园林的魅力。

与欧洲相比，园林在中国享有更崇高的地位。他们把包含着人类伟大知识成果的园林视为一件完美的艺术作品。他们的园林制造者中不仅有植物学家，还有画家和哲学家，他们对人类的心灵有着透彻的认识，并且对艺术有着最炙热的感情。

钱伯斯将园林景观分为了三类——赏心悦目型、奇特怪异型和陶醉沉迷型。所有的园林都是由楼阁和山水构成，旨在为观赏者营造奇幻美妙的氛围。

有一些中式建筑是临时建筑，就像18世纪伦敦为了举办化装舞会而建造的临时建筑。有一座中式建筑曾出现在乔凡尼·安东尼奥·卡

图77

乔凡尼·安东尼奥·卡纳莱托，《中国风化装舞会》，彩色版画，1754年

18世纪中期，伦敦流行举办以中国为主题的化装舞会。这幅画描绘的便是1754年于拉尼拉花园举办的化装舞会的盛况。

纳莱托于 1751 年创作的画作之中。这幅画描绘了 1749 年在拉尼拉花园举办的为庆祝奥地利分裂战争结束的化装舞会 [图 77]。在这幅画中，活动主会场是一个轻型开放式的中式建筑，在运河上也有许多中式船只，而且，画中没有人身着中式服装。不过据记载，1749 年至 1775 年间，在泰晤士河上举办过不少中式帆船赛，而且所有参赛选手都身着中式服装。或许，所有的这些化装舞会都是由 18 世纪末期中式服装在英格兰地区的流行演变而来。埃尔卡纳·塞特尔创作的《中国之征服》[1] 于 1676 年在伦敦上演，亚瑟·史密斯创作的《中国孤儿》[2] 于 1755 年登上舞台，该剧是根据 14 世纪杜赫德书中故事改编而来。

布莱顿皇家行宫毫无疑问是当时最奢侈的建筑 [图 78、图 79]。布莱顿皇家行宫由威尔士王子乔治下令修建，最初是由亨利·荷兰和他的学生 P. F. 罗宾逊负责设计建造，后来由赖普敦和约翰·纳什负责设计建造，最终于 1821 年竣工。其内部装饰是克雷斯（Crace）家族设计完成的，他们从乔治王子收藏的中国画中吸取了不少的灵感。

1　*The Conquest of China by the Tartars.*
2　*The Orphan of China.*

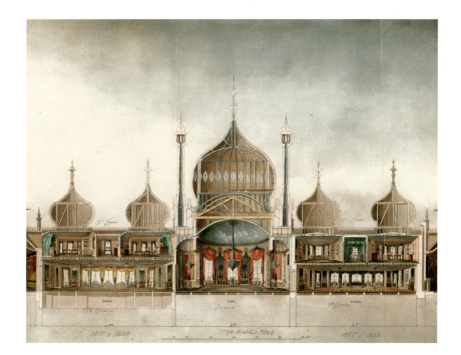

图78

约翰·纳什，《布莱顿皇家行宫剖面图》，1826年，英国布莱顿皇家行宫

布莱顿皇家行宫于1821年完工，是欧洲最晚的、较为完整的中国风建筑。不过该行宫的外观建筑直接借鉴了印度的风格。

图79

布莱顿皇家行宫内连接宴会厅和音乐厅的走廊

尽管布莱顿皇家行宫的外部采用了印度式风格，其内饰则采用了中式的摆设和装饰，特别是中国龙纹，在宫殿内随处可见。

1790 年，乔治亚时代中国风已经开始流行，卡尔顿庄园中威尔士王子的中式房间，以及布莱顿皇家行宫里面中印风格的房间就是最好的例子。修建于 1805 年的赛兹科特馆也有着相同的建筑设计风格，1807 年摄政王乔治访问的时候曾盛赞其建筑设计。在布莱顿皇家行宫的设计风格组合中，最引人注目的是莫卧儿圆屋顶和中式平屋顶的组合。然而其内部装饰，中国风占据着主导地位——龙、竹、芭蕉树和中国官吏图案覆盖了墙壁和天花板，这些中国风原创作品都来自远东。由于 19 世纪初期欧洲设计风格的改变，造型怪异的布莱顿皇家行宫成为当代评论家讽刺的对象。[图 80] 中国风变得过时，而更多的经典风格重新赢得人们的青睐。

图80

乔治·克鲁克香克绘制、J·赛德博特姆出版，《中国式的布莱顿英国宫廷》，彩色插图，1816年

这幅是讽刺威廉四世对中国风推崇备至这一社会现象的漫画，因为威廉四世花费巨资、不惜工本在布莱顿营建了中国风行宫。他被画成一位肥胖且身穿中国服饰的怪人，并与许多穿着荒诞的仆人为伴。

18 世纪欧洲的
中国风

尼德兰和丹麦

The Netherlands and Denmark

"中国就如同一颗气质典雅而高贵
的钻石，闪耀着神圣而璀璨的光芒。"

约斯特·冯达尔
《中国社稷之倾覆》
1667 年

1667 年，荷兰著名学者约斯特·冯达尔在阿姆斯特丹出版了戏剧作品《中国社稷之倾覆》[1]。这是第一部将欧式悲剧融入中国场景的文学作品。冯达尔在尼德兰（包括今天的荷兰与比利时）历史上因文采斐然而声名显赫，他曾与具有访华背景的耶稣会士伯应理会面交谈，并受到其中国见闻的启发，创作了这部关于中国的戏剧作品。伯应理出生于梅赫伦（现比利时境内），长居中国，是来华的荷兰商人在商贸和政治上的顾问。伯应理在南京得到了皈依天主教的华人沈福宗（?—1691）的帮助，撰写了大量的关于中华文化的著作，在很大程度上纠正了欧洲人对中国这一遥远国度的错误认识。他最重要的专著是《中国哲学家孔子》[2] [图81]，可以被认为是一部具有首创性的对儒家经典展开专门论述和剖析的作品，是欧洲人研究中国哲学和宗教的学术基石。除了冯达尔的《中国社稷之倾覆》，之后又陆续出现了一系列的关于中国的荷兰文学作品，其中就包括约翰内斯·安东尼·德斯 1685 年在阿姆斯特丹出版的《征服中国》[3]。

图81

伯纳德·皮卡尔，《中国神仙》，《各民族的宗教与礼俗》，阿姆斯特丹，1726年

中国与低地国家之间的政治和经济交往促进了欧洲对远东文化的研究。在17世纪的欧洲，多数关于亚洲的书籍在阿姆斯特丹出版。这幅版画翻刻自珂雪的《图说中国》，而原书中的图片则翻刻自一幅中国的版画。

1　*Zungchin of ondergang der Sineesche heerschappye.*

2　*Confucius Sinarum Philosophum (1687).*

3　*Trazil of overrompelt Sina (1685).*

　　荷属东印度公司 [图82] 成立于 1602 年，不久就在欧亚洲际贸易
中扮演了举足轻重的角色。该公司在之后的两个世纪中一直处于强
势，是荷兰经济称雄欧洲的资本。就在该公司成立的同一年，荷兰
就向米德尔堡运了一批中国瓷器，通过公开买卖，获得了巨额利润，
进一步刺激了欧洲人来华贸易的动力。实际上这批瓷器并非由荷兰

图82

亨德里克·科内利斯·弗罗姆，《自第二次东印度冒险返回阿姆斯特丹》，布面油画，1599年，阿姆斯特丹国立博物馆

这幅极为精美的油画描绘了四艘于1599年自马六甲返回阿姆斯特丹港口的商船。这支船队是由雅各布·科内利斯·凡·内克带
领的。这是荷兰人第一次成功的远东探险，四年后，荷属东印度公司才宣告成立。

人直接从中国进口的，而是从葡萄牙货船"圣亚戈"号上截获而来。这些瓷器都属于中国外销青花瓷，被称为"克拉克瓷"，使用开光画片作为装饰纹样。"克拉克"源于葡萄牙语中的"巨型货船"（carraca）。这种瓷器的装饰纹样，由于专门针对西方市场，使用了繁复精巧的设计，很快便得到了欧洲顾客的追捧。

图83

**鲁本斯,《金尼阁华服像》,
1617年,美国纽约大都会艺
术博物馆**

金尼阁是佛兰德斯耶稣会
成员,常年致力于在中国的
传教活动。他最知名的著
作有《利玛窦传记》《西儒
耳目资》(第一部汉字拉丁
标音字典),以及《况义》
(最早的《伊索寓言》汉译
本)。1617年,他从中国返
回欧洲,游说欧洲显贵支持
在中国的传教事业,其间,
他和鲁本斯曾详谈中国的轶
事,而鲁本斯则为他绘制了
这幅肖像。

荷兰与中国的外交和经贸领域的交流起初并非一帆风顺。中国严禁荷兰货船在中国沿海口岸停泊，早期的荷兰对华贸易往往局限在台湾一地。因为当时荷属东印度公司强占台湾，1624 年到 1662 年，台湾实际上变成荷兰的殖民地，后来郑成功击败荷兰，收复台湾。荷兰代表团于 1656 年首次到达北京进行访问，但是荷兰外交大使未能如预期实现其访华目的。这在很大程度上与德意志籍的耶稣会士汤若望提出的反对意见有关。当时汤若望在钦天监担任监正，为刚入主中原的清朝制定《时宪历》。纽霍夫在此次外交使团中担任秘书，他把在中国的见闻详细地记录了下来。1665 年，纽霍夫在阿姆斯特丹出版了他的游记，受到极大的关注，为欧洲中国风艺术提供了创作源泉。此外，还需强调的是，除了偏向世俗的著作以外，荷兰的出版商还刊印了数量相当可观的由耶稣会士撰写的关于中国的书籍，比如卫匡国的《中国新地志》和珂雪的《图说中国》。在整个 17 世纪，耶稣会士在低地国家（包括现在的荷兰、比利时等）享有相当大程度的自由。许多从亚洲返回欧洲的耶稣会士都会在欧洲北部生活一段时间，就在那段时间内，他们把相对真实的中国见闻撰写了出来，纠正了不少欧洲人对中华文化的误读。出生于低地国家的金尼阁就是其中一位。金尼阁为传教事业往返于中欧两地。鲁本斯曾与他见面交谈，并为他绘制了一幅肖像。画像中的金尼阁身穿用丝绸制作的华服，向世人展示了中国文人温文尔雅的形象。[图 83]

1655 年至 1657 年间，荷兰使团再次访华，这次外交活动起到了融冰的效果，中荷两国之间增进了互信，并在翌年达成了一项协议。中国政府允许荷兰商人每年可以派两艘货船于互市季节在广州口岸进行贸易活动。直到 1700 年，荷属东印度公司才正式在广州十三行区域内租借到一所洋行，成为其对华贸易的商业据点。[图 84]

实际上，中国政府一贯对国际商贸严格控制，并实行海禁。同样，日本也采取了相似的做法，特别是在德川幕府决定驱逐所有境内的欧洲人并严令禁止天主教传播之后，与天主教对立的信奉新教的荷兰人成为唯一能够与日本商人之间进行合法贸易的外来者。即便如此，荷兰人的活动被限制在了位于长崎港内的一座人工岛屿——

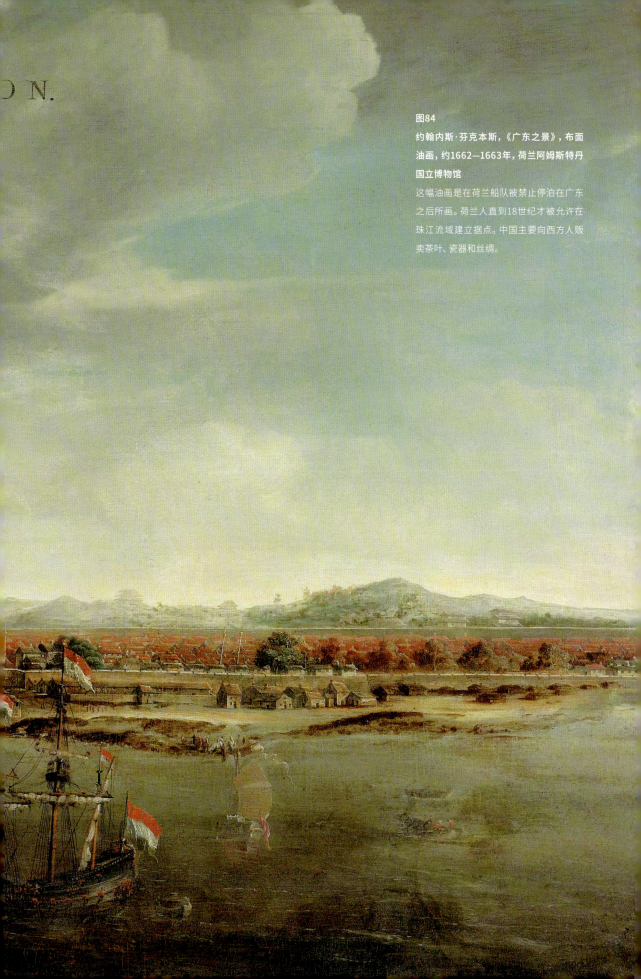

图84

约翰内斯·芬克本斯，《广东之景》，布面油画，约1662—1663年，荷兰阿姆斯特丹国立博物馆

这幅油画是在荷兰船队被禁止停泊在广东之后所画。荷兰人直到18世纪才被允许在珠江流域建立据点。中国主要向西方人贩卖茶叶、瓷器和丝绸。

出岛。这种排外政策一直延续到了 19 世纪中期，直到日本被欧美列强逼迫，才向世界打开门户。[图85]

在整个 17 世纪，荷属东印度公司毫无争议地成为富甲欧洲的贸易商会。其商业活动极大地推动了荷兰的科学与文化的发展，荷兰由此进入了辉煌的黄金时代，成为早期全球化进程中引领世界的强国。就艺术而言，荷兰人在绘画方面的成就斐然。荷兰的画家推陈出新，无论在技法还是在题材上都取得了突破。他们创造了欧洲近代绘画史上的新题材——世俗画。不同于以往被宗教束缚的文艺复

图85
司马江汉（本名安藤峻，1747—1818），《日本、中国与西方的相遇》，绢本设色，18世纪末，私人收藏
荷属东印度公司的使团在长崎的活动极大地影响了日本锁国时代的文化发展进程。当时的日本由德川幕府统治，实行闭关锁国政策。荷兰人来日活动，使得日本的艺术家有机会为艺术注入新的活力。

兴早期和中期的绘画，世俗画更加大胆鲜明地描绘了欧洲人的日常生活和市井百态。中国和日本的器物常常作为道具出现在这类新兴题材绘画中。例如，荷兰黄金时代最伟大的画家扬·维米尔在他著名的油画《地理学家》（约1668—1669，现藏于德国法兰克福施泰德艺术馆）中，主人公就身穿蓝色日本长袍。这类和服在当时的低地国家十分流行，特别是在科学家、艺术家和其他在家工作的达官贵人中。然而，在17世纪的荷兰绘画中，出现频率最高的远东器物毫无疑问是中国的瓷器。许多静物画（世俗画的一种）中会出现中国的瓷盘、花瓶、杯子和摆件，与其他器物一道组成了令人心旷神怡的画面。这些中国器物常常被精确如实、一丝不苟地绘制出来，正因如此，很容易通过比照，把画中的器物与现藏于欧洲的那些文物的原型一一对应。大量绘有中国瓷器的荷兰静物画是中国外销瓷对欧洲北方的视觉文化产生巨大冲击的有力证明。[图86]

　　荷属东印度公司的在华订单极大地影响了景德镇和德化窑外销瓷的生产。从17世纪30年代开始，荷兰人就开始定制器型和纹饰与荷兰家居环境更为配套的外销瓷。他们向中国的制瓷工匠们提供了许多西方器物作为模版。这些器物，有的是金属奖杯，有的是玻璃制品，有的使用了代尔夫特釉彩（类似青花瓷的陶釉），还有木质器皿等。荷兰的人物形象开始在福建生产的外销瓷器塑像中出现，比如被命名为《达夫总督》的瓷器组像中，很有可能就是指迪德里克·达尔文，他曾在荷属东印度公司担任总督。[图87]

　　到了17世纪中期，中国社会动荡不安，明朝的覆灭和清朝入主中原给景德镇御窑的生产带来了不小的影响。为了满足与日俱增的瓷器需求，荷兰商人们不得不退而求其次，向日本有田町订购瓷器。与此同时，代尔夫特的青白彩陶也扩大了生产规模。日本的瓷器纹样设计师以及景德镇的一些私人窑厂在延续传统青花瓷的生产的同时，改良制作出彩釉瓷器[1]，并且马上得到了欧洲买家的推崇，到了

1　应该是釉上五彩瓷。

图86

**威勒姆·卡尔夫，《银器与中国瓷器》，布面油画，1655—1660年，荷
兰阿姆斯特丹国立博物馆**

威勒姆·卡尔夫是荷兰杰出的景物画家之一。在这幅绝美的静物画
中，他把中国青花瓷碗与欧洲的银制水壶、鎏金铜架、玻璃器皿及各
类水果描绘在了一起。其中那件青花瓷碗就是"克拉克外销瓷"，这种
瓷器来自中国，制作于17世纪下半叶。

图87
德化窑产荷兰家庭人物摆件，
18世纪早期，私人收藏
摆件中的家庭人物来自荷兰，
其模版来自荷兰，并被运往中
国，在德化窑烧制完成。一般
认为摆件刻画的是荷属东印
度公司的总督迪德里克·达尔
文一家，但这样的说法并没有
佐证。

巴洛克时期，这种瓷器工艺趋向臻美。这一审美取向的转变也激发
了欧洲人开始在中国进口的瓷器元件上施以珐琅彩加工点缀。[图88、
图89] 这种做法大概是由荷兰人首倡的，英国、德意志地区、维也纳
和意大利地区的制瓷工匠们纷纷跟风仿效。这也可以被认为是一种
中国风：首先是因为中国和日本的瓷器在其中充当的重要角色，其
次是因为欧洲人后加的"中国风"装饰也在一定程度上受到了源于
中国瓷器或者是欧洲改良的中式装饰风格的影响。

　　如果说这些后加珐琅彩的中国瓷器是由荷兰或是欧洲其他地区
的一流工匠精心制作的，那么还有更多数量可观的瓷器使用了相对
并不那么考究的简单装饰，其目的仅仅是对白瓷、青花瓷或者一些
纹饰简陋的中国瓷器加上色彩，例如一些属于日本"有田烧"陶器。
大多情况下，那些纹饰简陋的彩陶被用于欧洲贵族宫殿的类似于"瓷
器室""漆器室"或"中国室"的特殊房间内。在这些房间内，中国
和日本的陶瓷器物往往被放置在墙边的架子上，高低并无统一的规
制，从地面到天花板都可以，只要摆设的结果能符合事先的设计，
并能达到为室内的视觉增添光彩的效果即可。

图88

荷兰加工的中国棒槌瓶，17
世纪晚期至18世纪早期，埃
斯皮尔家族收藏

这件带有莲花刻纹的白色瓷
瓶上面的珐琅彩是1709年至
1725年间在荷兰后加上去
的。龙纹和花卉图案则来自
日本的柿右卫门彩陶。

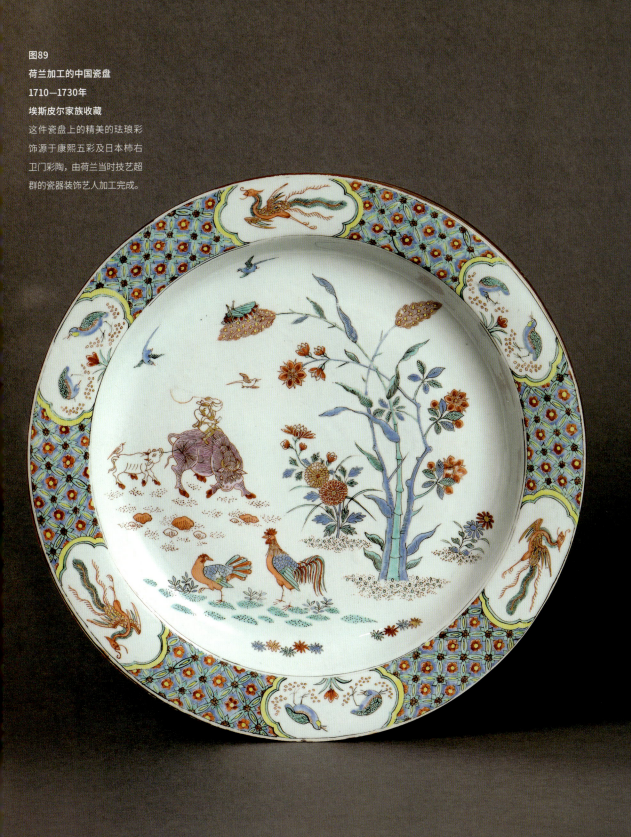

图89
荷兰加工的中国瓷盘
1710—1730年
埃斯皮尔家族收藏
这件瓷盘上的精美的珐琅彩
饰源于康熙五彩及日本柿右
卫门彩陶，由荷兰当时技艺超
群的瓷器装饰艺人加工完成。

"瓷器室"与"漆器室"

在 1650 年左右，"瓷器室"在欧洲贵族家居中出现，并且形成了一股潮流。这种风尚的形成往往与欧洲贵妇们的审美取向有关，她们也是"瓷器室"建造的主要赞助人。荷兰王室位于海牙附近的豪斯登堡宫内就建有用瓷器装饰的收藏室，其建造时间为 1645 年到 1652 年间，是欧洲早期"瓷器室"的代表作。该珍藏室内部用漆制木板和镜子装饰，架子上摆满了中国陶器，这些器皿是女公爵阿玛利亚的私人收藏，她是荷兰联省共和国执政、奥兰治亲王腓特烈·亨利的夫人。她的女儿露易丝·亨利艾特于 1646 年嫁入德意志普鲁士勃兰登堡家族（即后来的普鲁士王室和统一后德国的皇室），她在柏林附近的奥拉宁堡宫殿内兴建了"瓷器室"。这是德意志地区在 18 世纪晚期之前兴建的一大批瓷器室中最早的一处。就在尼德兰和德意志地区宫殿内陆续出现瓷器室的同时，1664 年在葡萄牙里斯本的桑托斯宫殿（现为法国驻葡萄牙大使馆）内出现了一处与众不同的瓷器室。该收藏室的顶端呈金字塔形，使用了 250 余件明朝瓷器环绕装饰，使室内氛围显得富丽堂皇。没过多久，到了 17 世纪晚期，瓷器室就开始在英格兰出现。

现在荷兰境内的瓷器室已经绝迹，但是我们仍可以从丹尼尔·马罗为这些瓷器室绘制的蚀刻版画中一窥究竟。马罗生于巴黎，1685 年由于其家族信奉新教中的胡格诺派（又称加尔文宗），为了躲避天主教的迫害，举家迁往支持新教的荷兰。1685 年正是路易十四颁布枫丹白露敕令的那一年，该法令旨在对内实行严格的宗教管制，用天主教统一法国人的宗教信仰，加强中央集权，不再宽容新教。马罗在荷兰生活了近十年之久，之后他得到了奥兰治亲王威廉的青睐，开始为这位以后的英国君主效力。[图 90] 与瓷器室一样，漆器室也首先出现在欧洲北部。豪斯登堡宫的漆器室是之后所有欧洲漆器室的原型，其主人即上文提到的女公爵阿玛利亚。这间漆器室建设于 1654 年，使用了从漆制柜子和盒子上拆下的漆板作装饰材料。

图90
青花瓷装饰的墙角壁炉，约
1700—1705年，荷兰阿姆
斯特丹国立博物馆
丹尼尔·马罗在1702年出
版了插画本《室内装饰新
书》，书中描绘的房间便带
有类似的墙角壁炉。这件壁
炉可能曾为威廉三世在海牙
的宫廷显贵所有。

在丹麦哥本哈根的罗森堡城堡，还保留了两处早期的中国风居室。[图91] 这两间建筑是公主的起居室，墙面用三排红色边框的面板覆盖。每块面板上都绘有中国风式样的场景图画，以黑色为底，用黄金点缀，还带有少量的其他色彩。这些面板最底下的两排描绘有动物和花卉，而最顶上的一层则绘有人物。最顶上的和最低处的两排都用浅浮雕作为边饰，而中间的那一排则使用了珍贵的嵌螺钿、宝石和贝壳。这些漆画的某些图像元素很明显借鉴了丹麦王室于1673 年采购的一批日本漆器上的图案。其他的图案则来自卫匡国《中国新地志》中的插图。公主起居室的设计都由佛朗西斯·布雷负责。他是一位来自荷兰的艺术家和橱柜制作匠，于 1663 年到 1671 年间为丹麦国王腓特烈三世效力。1716 年，克里斯蒂安·布拉赫特对公主起居室的这些木板装饰进行了修复。他也是一位荷兰工匠，于1669 年来到丹麦，一直为国王工作到 1720 年。

罗森堡另一处带有中国装饰风格的房间，是国王克里斯蒂安四世卧室，位于城堡的地上一层。这间卧室一开始也是由佛朗西斯·布雷设计的，后来经由克里斯蒂安·布拉赫特修复。它的墙面以及大门都使用了仿东方风格的亮蓝色漆制木板。木板共计有 73 块之多，上面的图案都用镀金点缀。木板的边框仿照玳瑁的样式绘制，显得美轮美奂。与公主的起居室一样，这些木板被分成三排：最低的一层木板上绘有船舶，而中间一层则展示了人物形象，最高的那一层描绘的是园林场景。佛朗西斯·布雷应该是在 1667 年到 1670 年间酝酿出这种设计手法，因为其中不少场景的绘画明显借鉴了珂雪《图说中国》中的插图，还有一部分则是参照了纽霍夫的著作。还有一些图案则可能是直接参照从中国或日本进口的工艺品。在丹麦，除了王室收藏以外，至少在 1623 年大学的图书馆内就能找到关于中国的书籍。还有记录表明，1642 年丹麦著名的医学家和文玩鉴赏家奥勒·沃尔姆在他的聚珍室内就藏有类似的典籍。

到了 17 世纪初，丹麦开辟了直航亚洲的渠道。第一家丹麦东方公司在克里斯蒂安四世统治时代成立，1616 年到 1650 年间，公司都正常运营。而第二家公司则成立于 1670 年，运营至 1729 年。这

图91
漆器室，约1663—1670年
丹麦哥本哈根罗森堡城堡
罗森堡城堡中的公主闺房以及克里斯蒂安四世的卧室是现存最早的欧洲漆器室。这两间漆器室由丹麦国王敕令荷兰画家和漆师佛朗西斯·布雷设计建造。

两家东方公司主要在印度开展贸易，向欧洲进口大量的香料和茶叶。1730 年，丹麦的亚洲公司在广州十三行内成功地租借到了一家洋行。正因这些公司的国际贸易，以及荷兰人的影响，丹麦通过融合东方传入的视觉文化与欧洲已经兴起的中国风艺术，发展出了一种特有的艺术风格。国王腓特烈三世在他的聚艺阁中收集了大量的东方艺术品，其中包括了中国的瓷器和日本的漆器。后来国王腓特烈四世又大力收集了更多的远东珍宝。他曾于 17 世纪和 18 世纪之交在欧洲各地展开为时较长的游历活动。他先后拜访了意大利、德意志萨克森地区的德累斯顿及柏林，有机会目睹当地王公贵族宫殿内兴建的装饰精美的中国珍藏室，其中就包括位于柏林附近的夏洛滕城堡内所设的瓷器室。在他返回丹麦后，就立刻在他哥本哈根的夏宫腓特烈城堡内营建了中国居室，并且订制了一整套装饰物品。[图 92] 这个空间并不算很大的中国居室的内墙上共布置了四排平行的绘画，从地面到天花板，都布满了这些装饰。最下面一排描绘了中国、非洲和美洲的场景，每块画板都用精美的花卉与带状图案作为边框装饰，并且使用了中国风浓厚的青花瓷色调。有一些图式则参照了 1682 年西蒙·弗里斯在荷兰乌得勒支出版的《美洲、中国以及非洲的异闻录》[1] 一书。最上面一层用带状的装饰纹样，由类似青花瓷式样的中国风场景，与各种各样的彩陶交错排列而成。从下往上的第二层则使用了立轴式的四大场景绘画，其绘画风格来自意大利的巴萨诺画派。第三层使用的是同样的边纹，含有中国风式样的小人物风景画，排列成类似于花瓶和茶壶的形状。大门也使用了图案作为装饰，很明显参照了丹尼尔·马罗 1702 年出版的版画。大门上方则配有意大利风格的风景画，也源于巴萨诺画派。通过文献可以得知上文提到的克里斯蒂安·布拉赫特在他儿子约翰的协助下曾于 1709 年到 1711 年间参与了腓特烈城堡的建设工作。几乎可

图92

瓷器室，1709—1711年，丹麦哥本哈根腓特烈城堡

该房间极有可能是由荷兰画家、漆师和修复师克里斯蒂安·布拉赫特设计的。房间内的中国风情与意大利巴萨诺画派的风俗画融合在了一起。

1　*Curieuse Aenmerckingen der bysonderste Oost en West-Indische Verwonderenswaerdige Dingen, Nevens die van China, Africa en andere Gewesten des Werelds.*

图93

中国茶室和桥梁，18世纪晚期，丹麦哥本哈根腓特烈城堡

这两处是18世纪晚期中英混合式园林风时代建立于腓特烈城堡内的建筑，是丹麦王室在夏季饮茶时供休憩之用的休闲之地。

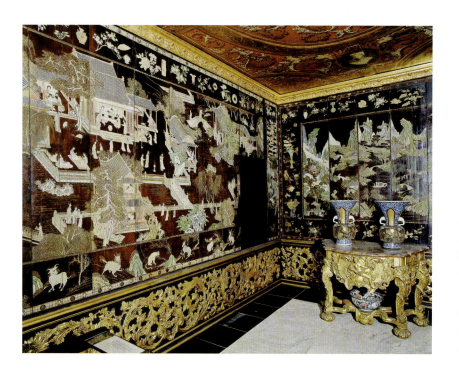

图94

漆器室，1695年之前，荷兰阿姆斯特丹国立博物馆

这间漆器室本来位于吕伐登市的拿骚宫殿内。墙上的三块漆板本是中国描金屏风上的，被拆下转用于墙面装饰。

以肯定他们二人都参与了这间中国室的设计。

中国风在丹麦的流行从 18 世纪一直延续到 19 世纪初，其间出现了大量的中国室、仿中国式样的陶器和漆器。从 18 世纪末到 19 世纪初，腓特烈城堡又陆续添加了中国茶室和中式桥梁，它们的出现是丹麦在一段时间内流行"中英混合式园林"的标志。[图 93]

至于漆器室，目前在荷兰已经找不到仍居于原址的 17 世纪的漆器室。好在一些旧文档资料对相关的建筑有所记录。其中的一些和现在位于阿姆斯特丹国立博物馆内的漆器室的风貌大致相同，这间漆器室原来位于吕伐登市的荷兰执政奥兰治-拿骚家族的宫殿内。这间漆器室是奥兰治亲王腓特烈·亨利的女儿阿尔贝蒂纳公主营建的。房间的墙面使用了三幅不同的中式挂屏装饰，挂屏的风格被称为"科罗曼德尔"（Coromandel）式，使用中国人物风景画作为装饰，并使用了进口的远东家具和摆设装潢。公主常常在这间漆器室内接待家人和来宾，与他们品茶交谈。[图 94] 在 17 世纪末，茶叶是欧洲最流行的高级饮品。

漆器与陶器

荷兰的工匠自 17 世纪早期就受到远东艺术的启发，开始尝试使用一些新的技术和纹饰样生产与装饰艺术品，特别是漆器和陶器。在此背景下，出现了威勒姆·吉克这样的艺术家，他使用与中国和日本漆器接近的涂料制作木质器具，并且在此基础上还会镀金，或用其他颜料绘制纹饰，使得那些器物更加华美。代尔夫特的陶艺师也在同一时期（17 世纪 20 年代）受到中国瓷器的启发，开始反复使用一些特殊的图样来制作陶器。这一趋势在接下来的十几年中不断发展，成为荷兰中国风艺术的一大特色。

至于尼德兰的漆器，仅有少量生产于 17 世纪和 18 世纪的

艺术品被完好地保存下来，因此遗憾的是，现在还无法清晰地勾勒出当时尼德兰地区漆器工艺的发展脉络。[图95]或许当时阿姆斯特丹每年进口的大量日本漆器可以为我们提供一些线索，值得强调的是，这些漆器并不廉价。荷兰的工匠们似乎对日本生产的漆器有着特殊的偏好。为了仿制日式漆器，他们使用了镀金技术来制作纹饰，还使用螺钿镶嵌点缀。现藏阿姆斯特丹国立博物馆的一件立柜就是这一工艺特点的最佳例子。[图96]这件立柜生产于17世纪晚期，上面装饰的两幅场景画应该借鉴了纽霍夫的出版物。

在18世纪下半叶，荷兰的橱柜制作工匠们开始像法国的同行学习，使用中国和日本进口的平板漆画加工制作家具。特奥多鲁斯·博尔内曼和马泰斯·霍里克斯是精于这一工艺的两位荷兰工艺大师。[图97]霍里克斯，本是德意志人，他在1790年至1791年间为豪斯登堡宫内的执政会议室重新布置了日本漆制木版画。该会议室可以被认为是尼德兰晚期漆器室的代表。

图95
鎏金彩绘漆制橱柜，荷兰制造，约1700年，维也纳列支敦士坦收藏

在日本锁国政策实行的200多年间，欧洲各国中只有荷兰被允许与日本有商贸往来。早在17世纪早期，阿姆斯特丹就开始仿制日本漆器。这件漆柜不仅可以证明荷兰工匠在制漆技术上取得的进步，而且可以表明他们制造的漆制器具在风格和样式上也与东亚制造的非常接近。

图96

带木架的漆柜，荷兰制造，17世纪晚期，荷兰阿姆斯特丹国立博物馆

这件无比珍贵稀有的带木架的漆柜上绘制的精美图案来自于1665年纽霍夫出版的图书。嵌螺钿的工艺受到了中国和日本的影响。

虽然荷兰的漆器生产情况并没有完好地被记录下来，所幸的是，代尔夫特的陶器制作历史由于有足够的传世作品 [图98—图100]，因而能让我们一窥究竟。使用中国图样装饰的陶器最早大约在1620年之前就出现了，然而这一做法在数十年之后才开始在荷兰各地大大小小的窑厂普及开来。这应该与当时中国处于明清之际、政治经济发展陷入混乱、景德镇的御窑生产受到冲击有莫大的关联。在整个17世纪上半叶，代尔夫特的陶艺师开始都严格按照晚明生产的中国瓷器原件进行复制。这些原件有很多是16世纪晚期景德镇专门针对海外市场生产的"克拉克"外销青花瓷。然而未过多久，大约到了17世纪60年代，欧化的中国风装饰纹样开始出现在精制釉陶上。布鲁塞尔的皇家艺术历史博物馆内就藏有生产于1662年的巨型陶盘，该陶盘是早期欧洲中国风陶瓷的代表。到了17世纪70年代中期，代尔夫特的陶艺师开始仿制宜兴紫砂壶。这一趋向很明显是受到了当时日益流行的欧洲饮茶文化的刺激。在这一时期，景德镇的瓷器生产陷入停滞，荷属东印度公司只好购买其他在市场上流通的陶瓷，于是他们进口了不少宜兴的紫砂茶壶，这些紫砂壶后来成了代尔夫特陶艺师的仿制模版。

图97 ◀

马泰斯·霍里克斯，钟表箱，海牙制造，约1780年，荷兰阿姆斯特丹国立博物馆

这件艺术精品反映了许多欧洲中国风艺术的特点。其造型很明显受到中国建筑的影响，而外部的装饰则取材于日本漆器，铜制龙形底座则是由荷兰的能工巧匠完成。这个钟表箱的主人是普鲁士公主威廉明娜，这是她叔叔腓特烈大帝赠送的礼物。

图98 ▶

中国风代尔夫特仿青花彩陶砖，17世纪晚期，荷兰阿姆斯特丹国立博物馆

从工艺来看，代尔夫特的陶艺师们的确深受中国和日本的瓷器影响。就装饰主题而言，他们并非直接照抄中国和日本进口的物品上的图案，而是采用了17世纪在荷兰已经颇为盛行的中国风图案。

图99

一对代尔夫特花瓶，17世纪末到18世纪初

荷兰阿姆斯特丹，阿龙松古董收藏

在代尔夫特漫长的中国风艺术时代的初期，
工匠们主要致力于仿制青花瓷上的图案，而
这对花瓶在器型上也受到了中国瓷器原型的
影响。

图100

珐琅彩裂纹代尔夫特彩陶板，18世纪中期，荷兰阿姆斯特丹，阿龙松古董收藏

18世纪中期，代尔夫特的陶艺师开始实验用彩釉装饰。这件彩陶板中的中国场景是荷兰艺人自由创作而成，融合了中国五彩瓷和洛可可的装饰风格。

代尔夫特"瓷器"——实际上仅仅是钴蓝装饰的锡釉白陶——却大受欢迎，荷兰的窑厂卖出了成千上万的该类陶器。这些陶器不仅在尼德兰出售，还远销欧洲其他地区，从而进一步刺激了法国和德意志地区相似窑厂的诞生。

1682年，景德镇御窑恢复了生产，但这并不表示代尔夫特的窑厂就此衰落，因为代尔夫特的陶器也因其非凡的品质进入了欧洲王公贵族的宫殿，特别是在法国和英国。

代尔夫特窑厂的第二次工艺变革大概发生在17世纪晚期。阿姆斯特丹进口了大量来自中国和日本的瓷器，并用珐琅和镀金技术进行二次加工。与此同时，欧洲流行的中国风也出现了风格变化，于是代尔夫特的陶艺师们开始尝试开设第三处窑址，用低温烧造陶器。他们模仿的对象是在被称为"过渡时期"景德镇私人窑厂生产的五彩瓷，这些早期的"康熙五彩"（又被称为"素三彩"）是在清朝恢复御窑之后研制出来的。同时期的被仿制的进口陶瓷还有日本的"有田烧"和酒井田柿右卫门样式的彩瓷。如同那些仿青花的代尔夫特陶器一样，后来荷兰仿五彩瓷生产的彩色精制釉陶器也在欧洲大受欢迎。到了18世纪，代尔夫特窑厂继续生产仿青花陶器和珐琅彩加工的陶瓷，然而原汁原味的中国装饰图样逐渐被欧化的远东纹饰所取代。

18世纪欧洲的
中国风

德意志

Germany

"如果这种情况继续下去，那么我担心我们很快就要在各种知识领域全面落后于中国人了。"

莱布尼茨
《中国近况》
1697 年

　　德意志地区的中国风发展要晚于法国和英国，即便引进了许多英、法两地的风格特色，德意志仍然发展出了富有地方特色的中国风，并且得到了其他欧洲国家的追捧和模仿。在普鲁士统一德国之前，德意志地区无论在文化上还是在政治上都更像是一个松散的邦联。由于德意志诸邦由通过婚姻缔结的几大统治世族统辖，因此出现了联系密切的以贵族品位为导向的艺术潮流。最具影响力的收藏东方器物以及中国风艺术品的收藏家，当属巴伐利亚选帝侯马克西米利安二世、布伦瑞克大公安东·乌尔里希、萨克森选帝侯兼波兰国王奥古斯都二世以及普鲁士国王腓特烈大帝。他们的个人偏好极大地影响了德意志宫廷文化的发展。

　　许多德意志的建筑家、艺术家和装饰家通常在他们的作品中使用中式风格。工艺大师老保罗·德克尔就长期效力于勃兰登堡选帝侯，他擅长为陶瓷、布帛和漆器设计装饰，并且出版了《漆器工艺设计》[1]一书 [图101]。他的东方风情设计纹样很明显受到了 17 世纪末纽霍夫出版的图书的影响，而他设计中式场景时往往会使用巴洛克风格的纹样作为边饰，这与法国艺术家贝兰的做法类似。还有一些在巴伐利亚的奥格斯堡附近活动的装饰工匠，他们经常使用异域风情的题材创作。这些艺人中就包括埃利亚斯·贝克，他的中国风设计曾由

1　*Entwürfe für Lackarbeiten*.

Ein Tifchblatt fambt einer Lathe vor Lackirer.

Paul: Decker. Archi. jun. delt.

杰雷米亚斯·沃尔夫收录出版。还有几位比较有名的工匠，他们是约瑟夫·塞巴斯蒂安、约翰·克劳贝尔、约翰·平茨和马丁·恩格尔布雷希特［图102—104］。约翰·威格尔曾在纽伦堡工作。约翰·霍彭豪普特作为室内装潢设计师曾在夏洛滕堡、波茨坦、柏林、蒙比欧宫和无忧宫等地的宫殿内参与建设。

图101 ◀

老保罗·德克尔，《漆器工艺设计》插图，约1710年

《漆器工艺设计》是专为装饰艺人撰写的设计图书。老保罗·德克尔设计的中国风图案基本都来源于这本17世纪下半叶出版的关于亚洲的图书。

图102 ▶

埃利亚斯·贝克，《中国风》铜版插图，约1730年

贝克主要活跃于奥格斯堡，他为珠宝和陶瓷工艺师设计了大量的装饰图案。他的中国风设计也是基于这本书中列举的图案。

图103

马丁·恩格尔布雷希特，

《中国风》，铜版插图，约

1728年

恩格尔布雷希特设计的许
多中国风图案也源于这本
书。在这幅插图中，他把
人物放置在类似镜子的框
架内，周边则配上了许多
中国人物摆件和瓶花。

图104

马丁·恩格尔布雷希特，

《中国风》，铜版插图，

约1720年

恩格尔布雷希特的中国风
图案设计在欧洲广泛传
播，为陶瓷和漆器装饰艺
术家带来了源源不断的创
作灵感。

　　老彼得·申克（1600—1718）所创作的中国风艺术在德国尤为成功。尽管他本是阿姆斯特丹人，他的艺术活动范围则远达荷兰以外的德意志莱比锡地区。[图 105] 1702 年，他出版了 12 幅系列版画《中国和印度绘画》[1]，书中的中国场景绘画直接取材于原版的中国画，并附有大量的汉字释文。他很有可能是复制了 17 世纪被带回欧洲的那些原版中国图书里的图片。在 1700 年到 1705 年间，他又一次刊印了含有中国主题的图片，但这些图片则是参照了欧尔弗特·达佩尔书中所描绘的日本风俗。他的儿子小彼得·申克（1698—1775）继承父亲的衣钵，出版了《中国风爱好者入门指南》[2]，他在 18 世纪头 20 年就为出版该书准备了大量的资料，到了 18 世纪 30 年代，这本书在欧洲装饰艺人之间广为传阅。科洛夫拉伯爵的御用装饰艺人伊格纳茨·普莱斯勒就借鉴了那本书中的图示，特别是在他制作的瓷器和玻璃制品上。普鲁士的腓特烈一世和他的王后索菲亚·夏洛特为德意志的文化与思想发展创造了良好的条件。他们夫妇的贡献之一便是在柏林收容了许多信仰新教的法国艺术家。这些艺术家因 1685 年法国废除南特敕令，对清教徒进行迫害而逃亡他乡。夏洛特王后对中国风物情有独钟，同时她和欧洲伟大的科学家、思想家莱布尼茨有着深厚的友谊，而莱布尼茨对中华文明推崇备至。夏洛特王后曾多次聘请法国艺术家，如皮埃尔·梅西耶在奥比松挂毯工厂生产制作带有中国场景的系列挂毯。[图 106] 而这些挂毯很明显受到了之前博韦生产的中国风挂毯的影响。这一系列挂毯共有 8 件，描绘不同的中国场景，被安置陈列在夏洛滕堡宫中。也就是在此时，夏洛滕堡宫中兴建起了精美的瓷器室。[图 107]

1　*Picturae Sinicae ac Surattenae.*
2　*Nieuwe geinventeerde Sineesen.*

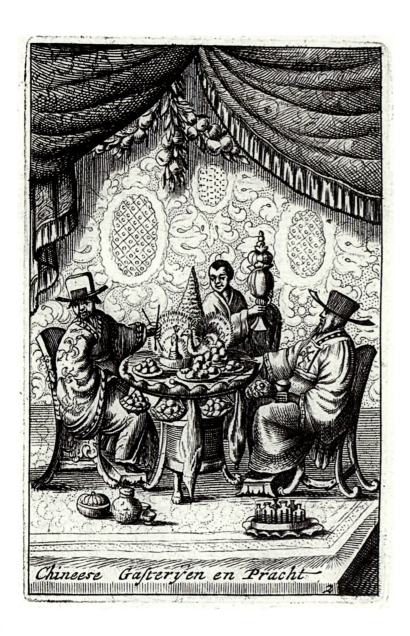

Chineese Gafteryen en Pracht

图105

老彼得·申克，《餐桌上的中国人》

17世纪末至18世纪初

老彼得·申克绘制的这幅作品是基于
西蒙·弗里斯在荷兰乌得勒支出版的
《美洲、中国以及非洲的异闻录》四
卷本中的描述而创作出来的。

图106

《中国皇帝君临》，挂毯，柏林，18世纪早期

这幅挂毯产于柏林，其设计参照了不久前在法国博韦挂毯厂生产的那套中国风挂毯。

图107

马丁·恩格尔布雷希特，《夏洛滕堡宫》

这幅版画描绘的是柏林夏洛滕堡宫殿内的瓷器室的一处墙面。这间瓷器室是国王腓特烈一世在18世纪早期下令扩建的。整个扩建工程由宫廷建筑师埃欧桑德负责。他很有可能向恩格尔布雷希特订制了这一设计。

漆艺和漆器室

中式漆器在 17 世纪晚期已经在德国普遍使用。拉登堡公国公主，即后来的巴登伯爵夫人西比拉·奥古斯塔和许多当时的德意志王公一样，是一位东方艺术的追崇者和赞助人。她的府邸（今捷克奥斯特罗夫境内）中就设有漆器室，其建造时间要稍微早于 1694 年，但这座建筑并没有保存至今。尽管如此，伯爵夫人的东方珍宝部分被迁移至今天的拉斯塔特宫的数个厅室内，从中可以一窥当时的遗韵。拉斯塔特宫是今天德国唯一一处仍然保持 18 世纪早期原始风貌的贵族宫殿。伯爵夫人的收藏既有远东进口的瓷器，也有德意志梅森地区生产的仿中式瓷器，还订制了许多中式礼服。1729 年 1 月 11 日，伯爵夫人举办了豪华的中国式宴会，这一盛况被绘制成画，于 1730 年在奥格斯堡出版。

早在 1688 年，西比拉·奥古斯塔公主年仅 13 岁，便在当时刚出版不久的斯托克和帕克的《论漆》一书中对漆料制作配方做了笔记。书中所写的漆料研制技术应该来自尼德兰地区，而公主小时候曾到安特卫普和阿姆斯特丹等地游历。尼德兰地区的漆器工艺在 17 世纪早期就已成型。比利时的示巴是漆艺出产重镇，艺术家杰拉德·达格利就在此地出生并学会了制漆技艺。1686 年，他前往柏林为勃兰登堡选帝侯腓特烈·威廉二世效劳，之后被任命为漆器厂主管，该工厂是当时德意志最具影响力的中式漆器生产基地。达格利得到了"宫廷漆艺大师"的殊荣，蜚声德意志，使得他在各地都能承接到比较重要的艺术项目，包括在多塞尔多夫的普法尔茨选帝侯宫廷中。达格利同时也和莱布尼茨是多年的近友。

达格利制作的漆器都是堪称大师级的艺术品，其表面光滑如镜，质感几乎完美复制了那些东方漆器中的上乘佳作，再加上取材于中国和日本精巧细致的纹饰，使得这些作品美轮美奂。特别是他制作的以白色为底、彩色图样点缀的漆器，从东方瓷器上得到了启发，夏洛滕堡宫中所珍藏的完成于 1710 年的羽管键琴便是这类工艺的代

图108

图108

杰拉德·达格利，羽管键琴，约

1700年，柏林夏洛滕堡宫殿

杰拉德·达格利主要从事东方

风格图案装饰设计，这架羽管

键琴上的图案便出自其手。这

种白底彩色人物图案显然源于

康熙五彩瓷。17世纪中后期有

许多中国制造专门针对欧洲市

场的外销五彩瓷。

表作 [图108]。达格利的技艺也远播法国，而他的弟弟雅克便在法国

设业。1747 年，巴黎最负盛名的漆艺大师罗伯特·马丁和他的儿子

前往柏林为腓特烈大帝效力。他们在 1755 年参与了无忧宫花室的建

设。此外，法国工匠塞巴斯蒂安·舍瓦利耶于 1766 年搬迁至波茨坦

开设工作室。[图109]

　　奥古斯都二世决定在德累斯顿开设漆器生产工厂。这位德意志

选帝侯非常喜欢马丁·施内尔制作的漆器。施内尔于 1703 年在柏林

的达格利手下工作。1710 年，施内尔搬迁至德累斯顿，而在此之前

当地的漆器制作几乎为海因里希·泰施超垄断。施内尔为包括奥古

斯都二世在内的德意志的贵族们制作了许多漆器，当时贵族们对中

国和日本文化的兴趣达到了顶峰。施内尔早年在萨克森地区主要从

事瓷器装饰绘画，当时梅森地区的瓷器工厂正开始生产此类瓷器。

　　1719 年，施内尔为德累斯顿的荷兰宫殿制作装饰品，耗时两年，

可惜现在没有保存下来。幸运的是，他参与建设的华沙维拉诺宫殿

中的中国居室至今尚存，是波兰著名的历史名迹。维拉诺宫殿是由

国王扬三世·索别斯基兴建的，后来又屡次扩建。1730 年到 1733

年间，这所宫殿为奥古斯都二世所有，他当时兼任波兰国王。奥古

斯都二世从德累斯顿的宫廷派遣了许多艺术家去华沙参与波兰王宫整修。施内尔也于 1730 年 11 月前往波兰，两年后华沙维拉诺宫殿中的中国居室建设完成。这座金碧辉煌的漆器室最为绝妙的设计便是那些使用金色的砂金石制作的平板装饰画。这些绘画从日本传统的莳绘（泥金画）艺术中汲取了养分，上面装饰有描金浅浮雕的中国人物和龙纹 [图 110]。

　　欧洲漆器室的兴建源于荷兰和丹麦，不久这股风潮便在德意志地区遍地开花、硕果累累。

　　奥拉宁堡城堡内的漆画是杰拉德·达格利的绝佳之作，1694 年

克里斯托夫·皮茨勒对此曾有着墨。1705 年选帝侯佛朗茨为他班堡的新宫殿内订制了一组漆制装饰平板，这些配有巴洛克风格边框的装饰品就受到了奥拉宁堡城堡内的漆画影响。路德维希堡漆器室内的装饰墙面的漆画在风格上少了一些庄严的气息，这反映了早期法国洛可可风对中国风的影响。这些漆画制作于 1714 年至 1722 年，是为符腾堡公爵埃伯哈德四世·路德维希所做。约翰·森格尔在波舍利式木板内饰上绘制了东方纹饰。这些木板的周围则是放置瓷器的架子。

到了 1716 年，曾在法国居住过数年的巴伐利亚选帝侯马克西米利安二世受到了中国风装饰艺术的洗礼，聘请宫廷建筑家约瑟夫·艾夫纳在宁芬堡（Nymphenburg）公园兴建了一处中国行宫。1722 年，西比拉·奥古斯塔得到了这处中国行宫的设计图纸，依此在拉施塔特（Rastatt）兴建了一处类似的建筑。宁芬堡的宝塔宫殿（Pagodenburg，这一词语被用来指代充满异域风味的行乐宫殿）的内部采用了融合中西多种风格的装饰艺术。这座宫殿的外部采用了欧洲古典建筑风格，乍看之下和异域风情毫不沾边，然而建筑内部采用了艾夫纳的设计，大量使用了中国的样式，并且摆放了进口的中国物品。宫殿楼上两间房间内的漆板也许是由巴伐利亚的工匠制作的。位于慕尼黑巴伐利亚王宫书房内墙的装饰布帛是这位选帝侯早年追崇中国风的最佳例证。这些刺绣布帛画（约 1700 年）极其珍贵，上面的图案大多取材于纽霍夫、达佩尔和蒙塔努斯的版画。马克西米利安二世的儿子，卡尔·阿尔布雷希特在宁芬堡兴建了第二处行宫——阿玛里恩堡（Amalienburg）。这座行宫由佛朗索瓦·屈维利耶设计，他是《多用途装饰用书》[1] 的作者。屈维利耶创作出了当时最为美轮美奂的中国风作品，他使用儒雅的青花瓷色调作为内饰的主题色彩。在宁芬堡的王宫正殿内，屈维利耶还使用了从中国进口的款彩漆制木版画装饰了一处厅堂。1735 年，他在布吕尔的法尔

1　*Livre d' ornements à diverses usages.*

肯拉斯特猎趣园的第一层建筑中也设计了一间类似的中国室，使用了两块中国屏风作为墙饰，并配以镂雕的金边框。在欧洲其他贵族官邸中也采用了类似的设计，特别是在巴黎。巴伐利亚的王室成员克莱门斯·奥古斯特是猎趣园的主人，他热衷追求远东风情，特别是中国风。画家约瑟夫·维维安曾为他绘制过一幅肖像，现在仍悬挂在猎趣园的中式厅堂内。在画中，克莱门斯·奥古斯特身穿异域风情的衣服，右手持中国的瓷器茶盏。1750 年，他在布吕尔公园内兴建了一处中国居室（Chinesischen Haus）。这处建筑被收录在当时出版的铜版画图录中，从中可以看出，这一建筑的风格与 18 世纪中期的法式建筑非常类似。

1736 年，根据腓特烈大帝姐姐威廉明妮的意愿，巴伐利亚拜罗伊特的隐居宫开始添设日本居室和中国风的镜厅。腓特烈大帝亲自把两块从远东进口的木板漆画送给了这位他最敬重的姐姐。她所居住的宫殿，内墙和天花板就是根据这两块漆画的样式做的装饰。整个日本居室富丽堂皇，使用了镂空浮雕，以镀金绿色砂金石为底，这很明显受到了描金漆画的影响 [图 111]。在天花板上描绘了一位中国皇后，这显然是威廉明妮的扮装肖像，端坐于配有欧式华盖的王座之上。这位巴伐利亚王后是启蒙思想的忠实崇拜者，而伏尔泰是启蒙思想的领军者，正是他把中国推崇为理性治国的典范，因此威廉明妮对中国风的推崇也与启蒙运动有关。在她所建的修道院，还设有采用中国风装饰风格的镜厅。这处厅堂的独特之处在于使用了中式的不对称构建法，镜子的形状和大小都以不规则的方式摆放在墙上。在 18 世纪的欧洲，这样的装饰被认为代表了中国的审美标准。

梅森瓷器

　　奥古斯都二世在梅森建立起来的瓷器工厂被认为对欧洲艺术发展做出了巨大贡献。在这座离德累斯顿（东德的某一都市）不远的小城市里，奥古斯都请来了专业人士，并提供了必要的资金，在经过两个世纪的失败尝试之后，终于发现了瓷器的"秘密"。这项伟大的成就，在技术上的贡献应当归功于两个人，一个是让·伯特格尔，他是一名炼金术师，早前在柏林为腓特烈一世工作但收效甚微，1701年来到了德累斯顿；另外一名是物理学家和数学家埃伦弗里德·瓦尔特，他早些时候曾试图改善萨克森玻璃工厂的技术过程。在1709年，他们成功制造了一个完整的朱红色瓷质炻器，与中国宜兴工厂制造的商品相似，在那个时期，大量这样的中国商品进口到欧洲，这些工艺品在荷兰和英格兰被广泛复制。这个炻器距离达到白色瓷器仅一步之遥。几个月之后，他们发现漏掉的元素是高岭土（瓷土）。而当他们发现瓷土在离梅森不远的地方就可以开采出来的时候，第一个白釉瓷器很快就被烧造出来了。从技术的角度来看，梅森的新技术发展相对比较晚，大概出现于18世纪20年代。根据已出版的在中国传教的法国耶稣会士殷弘绪的两封有启发性的书信推断，是殷弘绪亲自造访了景德镇的官窑烧制现场，并将制作中国瓷器的方法传授给了欧洲的陶艺家们。

　　工厂的生产初衷是对中国和日本瓷器的仿制，尤其是对东方瓷器的釉质特点的仿制。但事实上，在奥古斯都二世时代，工厂不仅大量复制了中国和日本工艺的形式与装饰风格，他们还决定自行研发创造一些中国风主题的系列作品。起初，中国风的图案是由活跃于奥古斯堡附近的画家设计出来的，自1725年开始，这些设计就主要由梅森的约翰·海洛特设计。1720年，海洛特从维也纳迪帕基耶工厂搬到梅森小镇，并迅速成为创作中国场景和模式的专家。在1726年，他出版了一系列东方图案的画作，结合了克劳德·吉洛特和华托的作品，广泛收集了一系列画作，其中的一些来自《舒

尔茨法典》[图112]。海洛特创作的人物修长典雅，人物姿态优美，
构图独具匠心，打造了一个虚构的梦想世界。他的这些作品的原型
不仅由法国的艺术家提供，同时也有来自东亚本土的艺术作品。其
他在梅森上设计中国风图案的画家有斯泰德勒、柏林的哈罗德和亚
当·洛文芬克。然而，由基什内尔和凯恩德勒制作的非常美丽的雕
塑作品几乎没有使用东方主题。[图113—图117] 18 世纪，在其他众多
制造中国风图案的德国瓷器工厂里，我们不得不提及的还有柏林的
皇家瓷器工厂，腓特烈大帝在 1763 年兴建了该工厂 [图118]，以及
马克西米利安三世在 18 世纪中叶兴建的宁芬堡陶瓷工厂。意大利
陶艺家布斯特里为巴伐利亚选帝侯制造了一些美妙的瓷器雕塑，其
中一些表现了理想中的中国人物形象 [图119、图120]。

图112

《中国风画稿》

约1723—1726年，《舒尔茨法典》，莱比锡手工艺术博物馆

《舒尔茨法典》收录了许多由约翰·海洛特设计的中国风图案，许多被
用来装饰梅森出产的瓷器。他是梅森瓷器厂的艺术总监，他创作的异
域图画既优美典雅又意趣撩人。

图113

梅森瓷器，中国风茶壶，1723—1724年，伦敦E. & H. Manners

这件茶壶是梅森瓷器厂早期生产的。茶壶上的K.P.M.（皇家梅森瓷器厂）是1722年12月到1724年使用的铭款。在此期间，工厂仅雇有六名画师，他们都受海洛特的监督。

图114

梅森瓷器，中国人物坐像，约1730年，伦敦E. & H. Manners

这件瓷器人物摆件是梅森工厂早期中国风瓷器的标准品。除了人物造型十分独到之外，其釉色和鎏金的装饰都非常精致。

图115

梅森瓷器，中国渔翁，约1745—1748年，罗马，詹保罗·卢卡斯

彼得·莱尼克是18世纪中期在梅森工厂的雕塑家，他擅长中国风人物造型。他的风格充满了洛可可风情：这位年轻的渔翁似乎并非来自中国，而是来自那片未知的神秘幻境。

图118

中国风彩陶罐，柏林制造，19世纪上半叶，罗马，詹保罗·卢卡斯

这对陶罐是柏林生产的，属于晚期中国风。朱红的底色是对中国朱漆的模仿，而其器型则取材于19世纪中国瓷罐。

图119
宁芬堡瓷器，中国人物摆件，约1760
年，伦敦E. & H. Manners
这件造型典雅的人物摆件是布斯特里
在宁芬堡瓷器厂工作时，特意为巴伐利
亚选帝侯制作的。

图120
宁芬堡瓷器，两名中国人物组像
约1760年，伦敦E. & H. Manners
这件由布斯特里制作的中国人物摆
件，无论是人物造型，还是衣服的
处理，都充满了洛可可风情。

中国风宫殿

　　继凡尔赛宫的特里阿农瓷宫之后，奥古斯都二世在德累斯顿又建造了欧洲最大的东方宫廷建筑。1719 年，奥古斯都二世决定对两年之前依据柏培尔曼的设计方案建造的宫殿进行改建，将其改造成为一个"日式"宫殿，并计划用来储藏其收藏的大量价值连城的东方瓷器和梅森瓷器。

　　这座宫殿如果从外表上来看，虽然只有大堂的中式女像柱和曲面屋顶能够显示出建筑结构上的异域特性，然而其内部则完全是远东设计和欧式中国风设计完美的组合。这座宫殿的内部设计是由荷兰室内设计师拜伦·勒普兰特参考丹尼尔·马罗特雕刻模型创作完成的。不幸的是，除了瓷器收藏馆中收藏了部分德累斯顿宫殿中的瓷器，如今德累斯顿宫殿中摆放的精美的家具在"二战"后已经散落在世界各地了。从"二战"前的关于德累斯顿宫殿的照片中，我们可以看出曾经的德累斯顿宫殿是多么奢华，例如柏林制造厂生产的极为奢华的十二件丝板，其装饰的中国风图案的灵感是受到了彼得·申克雕刻作品的启发。

　　奥古斯都二世还在皮尔尼茨宫殿建造了印度夏宫，同样由柏培尔曼设计，于1730 年至1732 年间建造。印度夏宫中的东方元素与日式宫殿风格差别并不明显，因为它们所有都只是表面上的差别，均在早期新古典主义结构上面增加了一些灵活的设计 [图121]。整个德意志地区最异域的建筑，要数距离柏林不远的波茨坦无忧宫花园的中国宫 [图122]，这座建筑是腓特烈大帝受到三叶草宫（Le Trèfle）的启发建造的。三叶草宫是路易十四的岳父波兰国王莱什琴斯基建造的，该建筑在外观上接近法式洛可可风格设计，其设计灵感来自三叶草。莱什琴斯基把草图寄给了腓特烈大帝，后者任命设计师约翰·布林负责完成这项工作。在整个波茨坦中国宫中，最为杰出设计的就是茶室，它展现了欧式中国风设计，而这种天马行空式梦幻

图121 ◀

皮尔尼茨城堡花园里的中国风宫殿，1804年

这座小型宫殿借鉴了中国建筑的元素。这些中国风宫殿是奥古斯都二世获得皮尔尼茨宫之后的几十年间陆续兴建的，包括印度夏宫在内，是该君主醉心远东文化的最佳证明。

般设计在整个建筑中随处可见。许多不同的异域元素被结合在一起：从中式建筑本身温婉的内部结构，如弯曲的屋顶，到外部斑斓的色彩，以及在高层圆形排列的真人大小的中国雕像，和不能被忽视的内部摆放的大量瓷器藏品。其外部鎏金的砂岩雕像是由约翰·贝卡特和马蒂亚斯·海穆勒设计创作的，他们在喝茶、吃饭和听音乐的过程中获得灵感。其内部天花板上美轮美奂的图案是在布莱斯·勒苏尔设计后，由托马斯·胡贝尔在 1756 年绘制的，壁画中的人好像与大堂里的人混在了一起 [图123]。

图122 ◀

中国茶室，1755—1764年，柏林波茨坦无忧宫

波茨坦的中国宫是欧洲中国风建筑的代表。这些建筑是由腓特烈大帝亲自下令兴建的，他特地从波兰国王那儿求得三叶草宫的图纸，并交由御用建筑师因地制宜地加以改造。

图123 ▶

托马斯·胡贝尔，中国风壁画，1756年，柏林波茨坦无忧宫

托马斯·胡贝尔承接了无忧宫中国茶室的内部装饰工作。他采用布莱斯·勒苏尔的彩图，完成了壁画的绘制。其绘画效果让人震撼：仿佛画中的中国人物就是腓特烈大帝的座上宾。

　　瑞典的木结构中国宫与先前提到的无忧宫非常相像，是 1753 年瑞典国王送给他的妻子、腓特烈大帝的妹妹路易莎·乌尔丽卡的生日礼物。这座木结构楼阁坐落于离斯德哥尔摩只有 6 公里远的卓宁霍姆宫花园里，可惜的是，它只存在了十年，就被砖结构的建筑取代了，后者是由法院建筑师卡尔·腓特烈·阿代尔克兰兹设计的，至今仍然屹立未倒 [图 124、图 125]。这处脆弱的建筑或许比波茨坦的茶屋更加优雅，为王室成员提供了一个理想的休憩场所。自然的光线透过大大的窗户投入室内，照亮了墙上装饰的明亮的色彩。房间、图书馆、客厅和沙龙都是供皇后和她的孩子们消遣使用的。屋内的装饰反映了布歇、毕伊芒和威廉·钱伯斯的设计风格，也包括了中国和日本的原始元素，如绘画壁纸、大量的陶瓷作品以及用来覆盖黄色房间和红色房间墙壁的漆板等。这些特点的组合十分杂乱无章，

图124
中国宫，18世纪60年代，瑞典卓宁霍姆宫

这座中国宫位于瑞典的卓宁霍姆宫，离斯德哥尔摩仅6公里，是瑞典王室成员最佳的娱乐场地。其典雅的建筑风格让王室成员们能够身心愉悦。

图125

中国宫的内部，18世纪60年代，瑞典卓宁霍姆宫

这些位于瑞典卓宁霍姆宫内的大厅采用了中国风设计，是典型的洛可可风格。

许多王室收藏的从中国和日本进口的奇珍异宝都被摆放在这些房间内展示。

以至于被认为是各种欧洲中国风的综合体。

在此之后的中国风建筑还有黑森卡塞尔的腓特烈二世盲目下令在威廉郡城湖边建造的名为"木兰"的纯中国式村庄。这项工程始于 1781 年，并在 1797 年结束。村庄里由于缺乏足够的中国人居住，而不得不从殖民地引来一批黑人移民。此外，数年后俄罗斯的叶卡捷琳娜大帝（德国血统）尝试了同样的事情，试图在西里西亚地区特罗保附近的罗斯瓦尔德建立一个中国村庄。18 世纪 80 年代，德国明斯特附近兴建了一个中英混合式园林，坐落于施泰因福尔特的路德维希伯爵公园里。在此不久前的 1779 年，克里斯蒂安·菲尔德在莱茵地区出版了的《园林设计的历史和理论》[1]。这部著作几乎成为整个 19 世纪建筑的参考书。路易吉·马比尔在意大利出版了该书的简明版，因此该书中所涉及的建筑理论在意大利被广泛传播。

1　*Geschichte und Theorie der Gartenkunst*（1779）.

18 世纪欧洲的
中国风

维也纳和奥地利帝国

Vienna and the Austrian Empire

"我视这世界上所有的钻石为粪土。只有来自远东的奇珍，特别是漆器和挂毯，才能得到我的欢欣。"

神圣罗马帝国皇后
玛丽亚·特蕾莎

　　1440 年，在哈布斯堡家族的统治下，维也纳成了神圣罗马帝国的首都。哈布斯堡家族是欧洲最显赫的贵族之一，通过王室间的联姻，哈布斯堡家族的势力遍布欧洲各国，包括匈牙利、波希米亚、西班牙和西班牙的殖民地。正是由于哈布斯堡家族在欧洲享有各种各样的特权，因此他们有条件赞助艺术，并接受良好的审美情趣的熏陶。他们的藏品涵盖许多欧洲以外的物品，比如中国和日本的瓷器、漆器以及其他来自异域的奇珍异宝。哈布斯堡的奇珍室（Wunder Kammern）是欧洲最为包罗万象的：如今仍有大量精美的艺术品保存在维也纳艺术历史博物馆内。这些艺术品原属于奥地利大公费迪南二世和神圣罗马帝国皇帝鲁道夫二世。

　　17 世纪末到 18 世纪，中国风在整个欧洲盛行，神圣罗马帝国首都的贵族们仍然会购买地道的亚洲艺术品，而不只是购买欧洲制作的中国风物品。来自中国和日本的瓷器是维也纳宫殿内必不可少的物品。这些亚洲艺术品大多被进口到伦敦和阿姆斯特丹，当时欧洲重要的远洋贸易口岸。

　　现藏于维也纳工艺美术馆（MAK）的一套印度更纱是当时最精美的中国风艺术品之一 [图 126]。这套更纱是为了霍夫宫（Schloss Hof）一间高级卧室的整个墙面所准备的。霍夫宫是一座位于维也纳附近马希费尔德地区供王公们狩猎之用的离宫。这座建筑是欧根亲王下令修建的，建筑师是约翰·希尔德布兰特，而负责内部装饰的则是克洛德·普莱西，由欧根亲王亲自督建。欧根亲王自幼在巴

图126

绣有中国乐师的印度更纱, 印度生产, 约1730年, 维也纳工艺美术馆

这件做工精湛的更纱是欧根亲王下令为他霍夫宫卧室专门订制的。霍
夫宫在维也纳附近, 是亲王的狩猎休憩之所。

黎长大，他不但是著名的军事指挥官，更热爱赞助艺术，他曾收藏了大量的亚洲艺术品。在他去世之后，他的收藏分别为神圣罗马帝国皇室和萨沃伊王室所继承。

根据安吉拉·福尔克尔最新的研究，这些更纱并非像原来所认为的那样是产自奥地利的中国风丝织品，而是地地道道来自印度的进口产品。她认为"这批更纱是现存最为奢华绝美的丝织品，反映了18世纪晚期中西艺术交流的状况。对于奥地利而言，这代表了中国热的发展巅峰"。这批更纱有40匹，分为床单、幔帐、窗帘和壁挂等。这些丝织品最令人瞩目的特征是采用了各种各样的风格和工艺。比如花边的纹样采用了贝兰和马罗设计的那种巴洛克晚期纹饰，中间的场景是中国人物绘画，花卉的造型则参照了印度传统的绘画语言，并且使用了极为鲜明绚烂的色彩组合。

使用印度更纱来装饰整个内墙的做法从16世纪晚期开始在欧洲流行。上述的那批更纱很有可能是欧根亲王下令定制的。欧洲的商人们往往会把欧洲设计好的图案带到印度去批量生产，并且配上当地特有的装饰纹样，以取悦欧洲购买者对异域风情的偏好。

迪帕基耶瓷器（Du Paquier）

1718年，克劳狄乌斯·迪帕基耶建立了迪帕基耶工厂。在这不久前，他得到了皇帝查理六世的特许，成为第一位在维也纳生产瓷器的艺人。他同时也是紧随梅森瓷器厂之后第二位在欧洲研制成功瓷器制造法的工匠，在威尼斯之前。他的窑厂设在德意志萨克森地区的罗绍，离维也纳并不远，离列支敦士坦大公所在的夏宫也很近。

[图127—图129]

在工厂开设之前，迪帕基耶是欧根亲王的宫廷军事谋臣。在担任公职期间，他访问了梅森的瓷器厂，并在当地陶艺师和装饰艺人的帮助下，破解了制作瓷器的方法。梅森的一些艺人跟随迪帕基耶

图127
迪帕基耶花鸟壶，18世纪，英国伦敦
E. & H. Manners
这件粉彩茶壶使用的花鸟图案虽然
取材于中国18世纪外销瓷，但其设计
已然西化。

图128
迪帕基耶彩茶杯，18世纪，英国伦敦
E. & H. Manners
迪帕基耶陶瓷厂早期受到中国粉彩
瓷的影响较深，这件茶杯使用的色调
就是仿粉彩。杯上描绘的是中国园
林和太湖石，虽然两者都属于中国元
素，但其绘画风格却是洛可可式。

图129
迪帕基耶彩茶杯，18世纪，英国伦敦
E. & H. Manners
这件茶壶采用的是标准的中国风装
饰，是18世纪上半叶欧洲艺人们普遍
采用的装饰手法。这件茶具上的场景
是由奥格斯堡的装饰艺人们创作的。

到维也纳从业，并且开设了新的瓷器工厂。在迪帕基耶工厂运营早期，生产的瓷器特点是采用了大量的东亚装饰纹样，并受到了中国、日本和梅森生产的陶瓷影响。后来，地道的远东图案式微，中国风和欧洲传统纹样取而代之，变得流行起来。

迪帕基耶工厂的代表作就是"杜布斯基室"（Dubsky Room）[图130]，因其前一任的主人名字而得名。20世纪早期，这间房间被

图130
"杜布斯基室"，约1725年，维也纳工艺美术馆
"杜布斯基室"毫无疑问是迪帕基耶工厂完成的最具创新力的大项目。玛丽亚·安东尼娅公主专门向工厂订制了1450多件中国风瓷器，用来装饰她在布尔诺的宫殿。

维也纳工艺美术馆购得。这间房间本来位于捷克布尔诺地区的一座宫殿内。这座宫殿在 1724 年为玛丽亚·安东尼娅公主所有，她是列支敦士坦大公约翰·亚当一世的女儿。然而杜布斯基室是从别处搬到布尔诺（Brno）的宫殿中的，原来应该放置在另一处现已无从考证的更大的厅堂中。

杜布斯基室摆放有 1450 件迪帕基耶出产的瓷器：花瓶、瓷盘、华灯、壁炉、大小不一的灯具和墙饰，还有装饰家具、窗框和画框用的杂件。据考证，这些瓷器应该产于 1725 年，受到了梅森早期中国风装饰的影响。这是一间欧洲最早、保存完好、极为富丽堂皇的瓷器室，是 18 世纪非常流行的瓷器室的代表。意大利卡波迪蒙特的瓷器室也与之类似。

除了杜布斯基室之外，另一处富有维也纳特色的瓷器室是欧根亲王的"金室"（Goldkabinett）。这间房间亮丽璀璨，摆满了瓷器，1708 年修建于维也纳美景宫。可惜，这间可能由欧根亲王好友马罗设计的中国风厅堂没有被保留下来。

神圣罗马帝国皇后玛丽亚·特蕾莎和美泉宫中的中国室

玛丽亚·特蕾莎是哈布斯堡家族历史上第一位、也是唯一的一位女性统治者。在她统治下的神圣罗马帝国经历了深远的体制变革、中央集权和文化发展。虽然神圣罗马帝国仍然未摆脱其松散邦联的性质，各地区处于半独立状态，文化和语言上仍有很大区别，仅靠统治者血统维持，但帝国确实在国际事务中扮演了重要的角色。哈布斯堡家族通过法律、军事，特别是帝国象征性的皇权为手段，有效地维持了各地区的运转。

美泉宫是玛丽亚·特蕾莎最喜爱的居所，是她的夏季必居之地。18 世纪中期，中国风在欧洲盛行，美泉宫也顺应潮流进行了重大改造。宫殿内多处房间都采用异域装饰风格。这样的翻修包括皇帝寝

图131
拉克森堡的中国园林，维也
纳，彩色插图，约1800年
维也纳最早兴建的中国园
林在美泉宫花园内，是玛丽
亚·特蕾莎皇后在18世纪下
半叶最喜欢的住所。

宫在内的五处房间：两间中国室、一间古漆室、一间瓷器室，还有
一间百万室。花园也属于中国风园林。[图131] 美泉宫的两间中国室，
一间平面为椭圆形，而另一间则为圆形，都建造于 18 世纪 40 年代，
极有可能是御用建筑师尼古劳斯·帕卡其督造的 [图132]。其内部装
饰则是后来在 1760 年左右完成的，御用木匠安德烈·瓦赫特布伦纳
参与了这项工程。这两间房间有时作为会议室，有时也作为娱乐聚
会场所（比如打牌）使用。房间的内墙使用了配有鎏金缠枝镂雕边
框的波舍利式木板装饰。墙的木板还使用了从中国进口漆板屏风拆
下来的漆画，以及奥地利本土生产的中国风木板。中国和日本的瓷
瓶则沿木制内饰的框架摆放。

　　不同以往的是，美泉宫的瓷器室并没有摆放瓷器 [图133]，取而
代之的是取材自青花瓷的色彩和图案基调的纹饰。墙上的图案是中
国花卉、纹饰和中国风水墨情调的场景绘画。在玛丽亚·特蕾莎统
治时期，该房间是她的书房。房间内 212 幅蓝色水墨画展示了各式
各样的中国场景，其风格与布歇和毕伊芒笔下的中国风绘画非常类

图132

**中国室，约1760年，维也纳
美泉宫**

这间房间展示了洛可可式中
国风的样貌。墙上的漆板画
是从中国进口的漆金屏风
上拆卸改造而成。后配有洛
可可式浮雕框，加中国青花
瓷装饰。这是皇后最喜爱的
私人房间。

图133

**瓷器室，约1765年，维也纳美
泉宫**

虽然这间房间名为瓷器室，其
实内部并没有任何瓷器，其内
墙上覆有青花色调的中国风水
墨画。画中的图案接近于毕伊
芒的风格，毕伊芒当时在维也
纳生活。

似。绘制这些图画的艺术家实际上是皇室成员，主要出自皇帝佛朗茨一世[1]，以及他和玛丽亚·特蕾莎的子女们之手。这项工程的营建应该与毕伊芒有关，1763年至1765年间，这位艺术家刚好在维也纳游历。

毕伊芒在奥地利逗留期间曾接受了玛丽亚·特蕾莎的委任，负责绘制尼尔德威顿椭圆形猎趣庄园内的壁画。该猎趣庄园用来举办音乐会、歌剧和芭蕾舞表演 [图134]。庄园两边的房间内墙贴满了中

图134
毕伊芒，中国风装饰，约1763—1765年，尼尔德威顿城堡猎趣庄园
墙上精美的装饰图案是毕伊芒在维也纳生活期间绘制的。玛丽亚·特蕾莎女皇敕令订制了这一装饰图，她希望把这里打造成供芭蕾舞和音乐会使用的场地。

1　译者注：佛朗茨一世本是法国洛林公国的公爵，后来他通过和玛丽亚·特蕾莎的婚姻，成为神圣罗马帝国的皇帝，不过帝国的政令基本由皇后制定，因为她才是哈布斯堡家族的继承人。

图135

古漆室，1770年，维也纳美泉宫

1765年，玛丽亚·特蕾莎的丈夫去世，古漆室是她纪念丈夫
的场所。中国和日本的漆画被裱入鎏金木框中。墙的中间挂
着她丈夫和孩子们的肖像。

国壁纸画。毕伊芒则绘制了异域奇木、珍禽和各种乐器。在窗户之
间有四幅巨大的中国人物画，人物都坐在浮华的装饰物中，花团锦簇。
这些装饰符合该建筑所需要的娱乐职能。

　　美泉宫的古漆室是皇帝佛朗茨一世的书房，是他的私有空间。在
他去世后，玛丽亚·特蕾莎把该房间作为纪念丈夫的场所 [图135]。
1765 年，皇帝去世不久之后，该房间进行了翻修。房间使用了中国
和日本的漆画木板作为墙饰，上面绘有建筑、人物还有自然景观，如
树木和鸟类等。这些木板都使用鎏金浅浮雕洛可可风格的画框。房
间的三面墙的中间都挂有巨幅的皇室全家福画像。

　　百万室是美泉宫内最具原创性的房间 [图136]。这里是皇后会见外
交使臣的地方。室内的落地红木板墙贴装饰色彩艳丽，并嵌有两块尺
幅巨大的镜子以及 60 幅带有椭圆装饰纹样的以印度莫卧儿宫廷生活
为主题的拼贴画。这些装饰的源流考证并不明确，它们很有可能源于
欧根亲王的美景宫。该宫殿于 1752 年被玛丽亚·特蕾莎皇后买下，
而这些装饰则可能是 1766 年被移置于美泉宫的。那些印度绘画也许
是由荷属东印度公司贩运至维也纳，有文献表明皇后于 1762 年购入

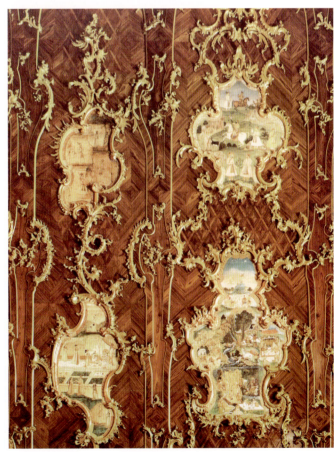

图136

百万室，1766年之后，维也纳美泉宫

这间房间在美泉宫所有庭室中最独树一帜。墙上有60幅印度莫卧儿帝国的画作，是与中国风接近的土耳其风，当时土耳其风在欧洲也比较流行。

了这些画作。这些印度袖珍画似乎被重新修饰过，每幅画都配了花卉纹的边框。而天花板上的那些则完全是欧洲艺匠根据印度绘画风格而绘制的。皇室成员在闲暇时加工袖珍拼贴画在当时是宫廷生活的一种习俗。百万宫的装饰不仅仅体现了中国风，它还显露出强烈的印度风。印度风被归类于土耳其风（二者都属亚洲伊斯兰文化），与中国风有诸多共通之处。土耳其风在奥地利非常盛行，因为该地区当时与奥斯曼土耳其帝国接壤。虽然历史上奥地利和土耳其两国纷争不断，但这并不妨碍伊斯兰文化对威尼斯上层贵族的影响力。古典音乐大师莫扎特常年在维也纳生活，创作了许多以伊斯兰文化为主题的乐曲。玛丽亚·特蕾莎皇后也时常在扮装舞会中穿土耳其式的礼服。

离美泉宫不远的海岑多夫猎趣城堡是玛丽亚·特蕾莎在 1743 年购入的 [图137]，里面按照皇后的意愿添置了一间中国室。这座城堡由宫廷建筑师尼古劳斯·帕卡其负责扩建，并得到了佛朗索瓦·屈维利耶的帮助。该府邸的居住者是皇后的母亲。中国室就在皇后买下该府邸后不久添置的。室内的墙壁全部由波舍利式木板装饰。墙上嵌有用中国硬石装饰的黑漆木板，边框采用的是部分鎏金的欧式贝壳纹饰。在雕工浮华的鎏金木架上摆放着许多中国玉器、石刻和扇子。这间中国室是奥地利洛可可风格的典范。

除了在首都维也纳，中国风装饰也在哈布斯堡帝国的其他地区被大量采用。

比如，埃什泰尔哈齐家族的府邸就使用了中国风 [图138]。该府邸位于匈牙利的城镇费尔特德，离维也纳仅 100 多公里，在奥地利和匈牙利的交界附近。埃什泰尔哈齐是匈牙利的伯爵，该家族以雅好艺术而闻名。该府邸的中国风装饰是保罗二世和他的弟弟尼古劳斯一世添置的。尼古劳斯一世是音乐家海顿的主要赞助人。该府邸的内饰既有欧洲制作的中国风物品，也有从远东进口的中国艺术品。最具中国风的就要数青花瓷格调的中国场景墙纸画了，许多图案都来自 17 世纪至 18 世纪法国画家设计的中国风插画。这些内饰是 1773 年为迎接玛丽亚·特蕾莎而准备的，不过该府邸花园内的中国别院则到了 1783 年才完工。

图137

中国室，1743年之后，维也纳海岑多夫城堡

这间中国室是海岑多夫城堡中最别具一格的厅室。它完成于1743年之后不久，以迎合年轻的玛丽亚·特蕾莎皇后对中国风的偏好。

图138

中国室，局部，18世纪中后期，匈牙利费尔特德，埃什泰尔哈齐家族府邸

18世纪埃什泰尔哈齐家族府邸是匈牙利中国风的代表作。该家族成员曾多次赞助中国风艺术的创作。

图139

中国室，18世纪中期，捷克
布拉格，特罗亚城堡
特罗亚城堡中有三间中国
室，其中的中国风装饰画作
者现已无从考证，不过很明
显，他从17世纪的中国物品
和中国风设计稿中汲取了灵
感，整个画风则更接近意大
利巴洛克风景画。

捷克布拉格的特罗亚城堡第一层的东北部设有三间中国
室 [图139]。这座建筑是布拉格当时最具影响力的显贵文策尔·施特
恩贝格下令修建的。整个工程由法国建筑家让·巴蒂斯特·马泰负责，
其外观是典型的意大利巴洛克风格。内部的三间中国室则是在18世
纪中期添置，呈哑铃型链接，中间一间为狭长的矩形，旁边两间近
乎正方形。里面的欧洲神话题材画作却又是早先城堡完成时就置办
的，由马尔凯蒂父子绘制。室内的中国风风景画作者现在已无从考证，
但显然那些图案来自17世纪的中国风插画。画中的中国园林内还有
来自非洲和美洲的植物，然而整个画面充满了17世纪和18世纪罗
马风景画的气息。室内的凹墙处装饰有中国自然风光，门的上方则
摆放有仿中国式样的花瓶。这些中国风装饰最具特色的地方在于其
典雅明丽的色彩。

18 世纪欧洲的
中国风

俄罗斯，沙皇的帝国

Russia, the Empire of the Tsars

"我喜爱英式风格的园林，弯曲的线条、平缓的坡道、如湖泊一般的池塘、曼妙的小岛，我很讨厌死板的直线。我的花园中充满了英伦风情。"

叶卡捷琳娜大帝
《致伏尔泰的一封信》
1772 年

彼得大帝统治时期

　　虽然中国与俄罗斯地理位置相近，但是两国之间的政治和经济交往却直到 17 世纪才开始。两国的初次接触并不是在融洽的气氛下开展的，在中国东北两国发生了小规模的军事摩擦，并且严重影响了双方的互市。1689 年，康熙皇帝统治下的清朝与彼得大帝的俄罗斯帝国签署了《尼布楚条约》，这才缓和了边境线上的纷争。即便两国的关系趋于平和，彼此之间也没有互惠互利。彼得大帝多次向北京派遣了使团，但是中国的回访使团直到 1727 年才抵达莫斯科，此时彼得大帝已经辞世。此时，中国的货物开始在俄国境内出现，其中一些是使团带去的礼物，还有一些则是俄罗斯商人们互市后带去的。这些货物中既有丝绸、金属矿石、香料、宝石、皮革、人参之类的药草，也有艺术品和其他奇珍异宝。这些珍品有很多作为俄国的历史藏品被保存，以及被那些与俄国有密切联系的欧洲王室收藏。比如，现藏于佛罗伦萨的一组中国缂丝就是 1711 年沙皇赠予意大利的托斯卡纳大公科西莫三世的礼物 [图 140]。

　　虽然困难重重，俄罗斯还是在中欧北部丝绸之路保持了与中国的贸易垄断地位。有许多西欧国家希望通过取道"西伯利亚路线"，绕过西班牙、英国和荷兰的东印度公司，开辟另一条贸易途径。早在 1672 年，哲学家莱布尼茨就向法国国王路易十四提出过这样的

图140

中国缂丝，16世纪晚期，佛罗伦萨，皮蒂宫银器博物馆

1771年，彼得大帝赠予托斯卡纳大公科西莫三世一组六件套缂丝，这是其中的一件。

建议，而后许多德意志的君主们也为之做出了一些努力，但最终由于俄国的阻挠而没有取得任何进展。莱布尼茨是中华文化的推崇者，他在1711年被任命为彼得大帝顾问，帮助沙皇建立了著名的皇家奇珍室，彼得大帝深受其影响。

　　彼得大帝在年轻的时候遍访了欧洲诸国，特别喜爱收藏来自远东的奇珍异宝，这些藏品有的购自像阿姆斯特丹那样的西欧国际贸易中心，也有的通过西伯利亚贸易路线进口至俄国。彼得大帝同时也是中国风在俄国流行开来的主要推手。

　　这一时期最为重要的中国风创作就要数彼得大帝敕令在蒙帕莱斯尔宫（Monplaisir）内兴建的漆器室 [图141]。该单层建筑位于芬兰湾，距离圣彼得堡不过几公里，是沙皇最喜欢的居所。蒙帕莱斯尔宫隶属于彼得皇宫，是彼得大帝最喜爱的避暑之地，他时常在此疗养。蒙帕莱斯尔宫兴建于1714年到1723年间，主要由建筑家安德烈·施吕特、让·布隆、约翰·布劳恩斯坦、尼古拉·米凯蒂负责

图141

漆器室，1714—1723年，蒙帕莱斯尔宫

这间房间是俄国境内第一间漆器室，是为了满足彼得大帝对中国风和
中国艺术的偏好而建造的。该建筑在第二次世界大战期间遭到毁灭性
的破坏，20世纪下半叶得到全面修复。

完成。他们根据彼得大帝的意见修建了这座荷兰风格的宫殿。彼得大帝在 1717 年曾造访巴黎的雅克·达格利的工作室，还去过英国的巴斯、德国的柏林，在那些地方他亲眼看见杰拉德·达格利的漆器作品。漆器殿的内饰都是由当时最优秀的画家和雕塑家参与创作的。

漆器室（或中国室）的内墙都挂有红黑底鎏金漆画，画面呈现的都是中国场景人物和建筑。根据 18 世纪早期西欧流行的方式，中国和日本的瓷器被依次摆放在墙架和壁炉上。这些漆画由伊万·契哈诺夫和佩尔菲尔·费奥多罗夫等人完成。荷兰的漆艺大师亨德里克·布朗克霍斯特指导了他们的创作。布朗克霍斯特自 1703 年起就为沙皇效力，致力于建设俄国的新都——圣彼得堡。他在圣彼得堡兴建了"漆器园林"，在那里他承接沙皇指派的艺术任务并且训练了一批年轻的漆器艺人。

蒙帕莱斯尔宫的漆器室并不是俄国最早的中国室。彼得大帝的父亲沙皇阿列克谢·米卡洛维奇在离莫斯科不远处的科洛缅斯克拥有一座木结构的宫殿，该宫殿内就挂了许多中国绘画，可惜的是这座建筑毁于 18 世纪。

与俄国境内的其他皇家宫殿一样，蒙帕莱斯尔宫也在第二次世界大战期间被严重破坏。我们今天所看到的是在 20 世纪下半叶由许多优秀的俄国艺术家在尼古拉·吉诺维也夫指导下，精心修复后的样子。

叶卡捷琳娜大帝统治时期

叶卡捷琳娜大帝从 1762 年开始统治俄国直至去世，她统治下的俄罗斯被认为进入了沙皇时代的黄金时代。叶卡捷琳娜原是出生于德意志地区的公主，1745 年她嫁给了俄国的彼得三世（1728—1762），在她丈夫政变被囚禁后便被俄国贵族拥立为女皇。她可能直接参与了谋杀彼得三世的活动。叶卡捷琳娜大帝意志坚强、精力充沛、爱好广泛。她和18世纪欧洲最具影响力的思想家们保持着通信交流，比如伏尔泰就曾多次和她谈起他对中华文化及哲学思想的推崇。

叶卡捷琳娜大帝对中国风艺术的推崇体现在多方面。她所居住的各大宫殿内藏有大量的来自中国和日本的艺术品，其中以瓷器最为珍贵，不过现藏圣彼得堡艾尔米塔什博物馆内的中国外销银器更为奢华。她还兴建了许多中国园林，下文将详解其风貌。

彼得皇宫中的主殿在叶卡捷琳娜统治时期进行了翻修。她下令营建了一系列中国室，其中一些还较为完好地保持在原地，虽然在20世纪它们已经被整修过。其中有两间中国室坐落于绘画厅（主殿的中轴厅室）两侧 [图142]。它们是宫廷建筑家让·巴蒂斯特·瓦兰于18世纪60年代晚期负责建造的。其中一间的内墙使用了黄色锦缎纹装饰，另一间则使用了红色。这两个房间的墙壁上都镶嵌了漆制木版画，都拆自进口的中国屏风，画的主要是描金山水画。天花板、墙边、窗户和门框周围的纹饰则是由艺术家菲奥多·弗拉索夫和安东尼奥·佩列西诺蒂以及他们的助手完成的。俄罗斯的工匠们还制作了巨大的火炉，上面贴着绘有中国风主题的多彩陶砖。这两间房间都收藏了许多中国和日本的艺术品。

在主殿还有几间受到中国风装饰艺术影响的房间。由尤里·费尔顿设计的长席室内墙上就贴有中国外销丝绸材质的绘画，上面展示了中国园林人物场景。而房间内的土耳其式长沙发的表面则使用了莫斯科菲奥多·弗拉索夫作坊在19世纪晚期生产的中国风布料 [图143]。与长席室毗邻的皇冠室内也使用了类似的中国丝绸做装饰，上面展现的是中国景德镇御窑生产瓷器的场景，这类题材在当时外销艺术中十分流行。

在令人叹为观止的圣彼得堡郊区皇村的叶卡捷琳娜宫，宫内也设有多处中国厅殿。叶卡捷琳娜宫也是叶卡捷琳娜大帝最喜欢的行宫。与行宫毗邻的公园内建有中英混合式园林式样的中国风建筑。也许是受到瑞典的卓宁霍姆宫的影响，叶卡捷琳娜先后敕令建筑家安东尼奥·里纳尔迪和查尔斯·卡梅隆规划建设一个中国村庄 [图144]，包括一座宝塔和庙宇，以及围绕其周围的18座中国房屋。他们还试图

图142

中国室,18世纪60年代末,彼得皇宫

这是彼得皇宫中诸多采用中国风装饰的厅殿之一。这些宫殿大多是叶卡捷琳娜大帝统治时期添置的。叶卡捷琳娜大帝是中华文化和时尚的推崇者。

图143

长席室,18世纪下半叶,彼得皇宫

整个房间的内墙被中国外销丝绸覆盖,上面绣有中国人物场景画。

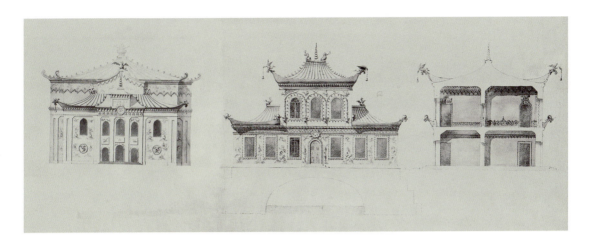

让中国人住在该村庄内。女皇特别关照建筑家们从英国出版的中国建筑图纸中寻找灵感。这些图纸大多是由瑞典籍英国王室御用建筑家威廉·钱伯斯绘制。然而这一系列项目在1796年女皇去世后就中断了。她的孙子亚历山大一世在1818年继承其遗志，完成了村落建设，该村庄被用来作为贵宾的居所。在兴建中国村庄的同时，叶卡捷琳娜还在不远处添设了中国歌剧院，于1779年完工。尤里·费尔顿还分别在1778年和1786年负责兴建了许多中国式桥梁和所谓的"吱吱咯咯塔"[图145—图147]。"吱吱咯咯塔"是根据欧洲传统建筑顶上设有的金属风向标的拟声而命名的，让人忍俊不禁。

叶卡捷琳娜掌权之后第一个大的建筑项目便是在奥兰尼堡公园内兴建的一座私人府邸，是她在夏季与密友和情人们聚会的场所。这里建有两处休闲园林，一座叫作"滑山馆"（Sliding Hill Pavillion），带有500米长的坡道，供滑车娱乐之用，和现代的过山车类似；另一座叫作"中国宫殿"。

奥兰尼堡公园内的中国宫殿是俄罗斯较为奢华的洛可可建筑，由安东尼奥·里纳尔迪和其他技艺非凡的意大利艺术家们共同设计完成。该建筑的外部使用了新古典主义风格，而内部则是富丽堂皇的巴洛克风格。整个中国宫殿共有17个房间，都装饰得金碧辉煌。其中四间很明显地把中国风与中国进口家具摆设结合在了一起。那些进口家具是直接从中国的工匠处订制的[图148]。

奥兰尼堡公园中国宫殿中，最重要的中国室是玻璃珠沙龙。[图149]

图145

中国桥梁，俄罗斯皇村

皇村周围的公园内有许多中国式样的建筑，安东尼奥·里纳尔迪设计了里面许多中国式桥梁和园林。

图146

桥上的中国人物雕塑，俄罗斯皇村

叶卡捷琳娜大帝希望在皇村中兴建一个完整的有中国人居住的中国村落。这项工程在她去世后被中断。她的孙子亚历山大一世即位后，便把中国村落改造成款待贵宾用的住所。

图147

"吱吱咯咯塔"，1778—1786年，俄罗斯皇村

皇村中有一处公园是按照中英混合式园林建造的。这种园林的建筑理论是18世纪英国建筑家归纳总结出来的。"吱吱咯咯塔"是这个公园内最美丽的建筑。

图148A

中国室，1762—1768年，奥兰尼堡公园中国宫殿

这座宫殿是叶卡捷琳娜大帝敕令里纳尔迪负责设计的。其建筑外观是古典主义风格，而内部则使用了中国风设计，并摆放了许多进口自中国和日本的艺术品。

图148B

中国风装饰，1762—1768年，奥兰尼堡公园中国宫殿

奥兰尼堡公园是叶卡捷琳娜大帝最喜欢的住所，她称之为"我私人的乡间庄园"。其内部的装饰既有进口自东亚的艺术品，也有俄罗斯工匠制作的中国风艺术品。

图149

玻璃珠沙龙，1762年，奥兰尼堡公园中国宫殿

这是中国宫殿内最令人叹为观止的房间，由意大利艺术家巴罗齐兄弟设计。他们构想出了无比惊艳的12幅绣满玻璃珠的中国风刺绣画。

该沙龙的内墙被 12 幅刺绣画覆盖。这些刺绣画都配有雕工精美的鎏金边框，上面描绘的是花鸟和风景，每幅绘画都用粉色洛可可式样的边纹装饰。这些刺绣画上还绣有成千上万的彩色玻璃珠子。这一设计出自巴罗齐兄弟之手，上面的玻璃珠则是由当地的绣娘们夜以继日地绣制的。玻璃珠是由乌斯特鲁迪兹的玻璃工厂生产，这家玻璃厂由俄罗斯历史上著名的学者罗蒙诺索夫建立，这些玻璃珠是当时玻璃厂承接的最大的生产项目。

安东尼奥·里纳尔迪在 1756 年到 1790 年间供职于圣彼得堡。作为艺术家路易吉·万维泰利在罗马、安科纳和卡塞塔的学徒，他受到叶卡捷琳娜的邀请，为圣彼得堡（当时的俄国首都）的现代城市规划做出了功勋卓著的贡献。里纳尔迪还设计了一些东方风格的建筑，比如位于彼得维斯基公园内的中国府邸和一座双层建筑。这两座建筑兴建于 1756 年到 1762 年间，是为叶卡捷琳娜的丈夫彼得三世所建，毁于 1778 年。尽管里纳尔迪和他老师的建筑设计非常接近，特别是古典主义的外观结构，但是里纳尔迪的风格更为灵活多样。他还在设计中添加了法国洛可可和英国"如画美学"（Picturesque）元素。这一中西融合的设计语言在俄国的中国风建筑上表现得尤为明显。

18世纪欧洲的
中国风

西班牙及其殖民地

Spain and its colonies

"很难想象有哪一座金碧辉煌的欧洲房屋内没有摆放来自中国的精美装饰品。"

神父
卡西米罗·迪亚士
1669年

　　16世纪，葡萄牙和西班牙是在亚洲最有影响力的两个欧洲国家，他们控制着世界上主要的海上航道。当时，大多数西班牙皇室成员热衷于收集亚洲艺术品，尤其喜欢收藏稀世珍宝。他们收藏珍宝的地方也被称为"奇珍室"（Wunderkammern）。在西班牙哈布斯堡家族和其他贵族的引领下，越来越多的中国和日本的艺术品，以及其他亚洲国家的奇珍异宝开始进入欧洲宫廷，如奥地利和意大利。

　　16世纪下半叶，欧洲最著名的亚洲艺术品收藏家就是菲利普二世，他从1554年起开始统治西班牙，1581年起开始统治葡萄牙，同时他还是西、葡两国在欧、美、亚三大洲殖民地的君主，例如1565年菲律宾就沦为他的殖民地。在菲利普二世统治时期，西班牙一跃成为世界上最强大的国家。他曾开辟了马尼拉到阿卡普尔科和韦拉克鲁斯到塞维利亚的航线，这使得西班牙源源不断地进口大量来自遥远国度的黄金、香料、艺术品和奇珍异宝。菲利普二世非常钟爱中国瓷器：他收集了三千多件中国瓷器。他还向中国景德镇官窑订制了大量的带有他皇室徽章的瓷器 [图150]。可惜的是，他收藏的大多数的异国珍宝并未保存至今，只有零星的一些印度葡萄牙纺织品和日本漆器被当作圣物保存了下来，陈列在马德里皇家女修道院和埃斯科里亚尔的圣洛伦索修道院。

　　尽管在16世纪初西班牙多次尝试与中国建立直接的政治和经济交往，但结果都无疾而终。因此，中国的香料、原料和商品大多是通过菲律宾转运到西班牙的。每年都有一批中国货船停靠在马尼拉

图150
带有菲利普二世纹章的中国产葫芦瓶，16世纪晚期
这件葫芦瓶是带有菲利普二世纹章的青花瓷套件中的一件。纹章的样式表明这件瓷器制作于1580年左右，当时葡萄牙被暂时并入西班牙。

港口，把货品卖给当地商人和西班牙商人。

　　16世纪末，驻扎在菲律宾群岛的西班牙官员曾妄图组织部队征服中国，因为他们认为那是一件非常容易的事：因为在数十年前，他们派出的小部队顺利征服了中美和南美。可是他们太过夜郎自大，以西班牙小型远征队要征服在文明与军事方面与当时整个欧洲并驾齐驱的明朝，无疑是天方夜谭、痴人说梦。1586年，菲利普二世审时度势下令终止这一疯狂的计划，希望与中国展开友好的交往。

　　即便西班牙和葡萄牙在17世纪和18世纪失去了政治和商业的霸权地位，东亚的商品仍然通过马尼拉被送到伊利比亚宫廷。波旁王朝统治下的法国成为欧洲的新霸主。出生于波旁王朝的菲利普五世于1700年即位西班牙国王,同时把他的艺术藏品也带到了马德里。在众多藏品中，有一件精美的带有镀金支架的玉石花瓶，本是菲利普五世父亲的藏品。菲利普五世的父亲是路易十四的长子。这批藏品中绝大多数的玉器都是17世纪晚期由暹罗大使当作礼物送给法国王室的。

18世纪西班牙的中国室

中国风在西班牙盛行的时间几乎和伊丽莎白·法尔内塞到达西班牙的时间相同。1714 年，意大利的贵族伊丽莎白从意大利来到西班牙，嫁给了菲利普五世。伊丽莎白出生于帕尔马，从小就受艺术熏陶：法尔内塞家族有着意大利最丰富的艺术收藏品，包括古代和近代的绘画和雕塑，大部分藏品现在被保存在那不勒斯的博物馆中。在这样的环境下成长，伊丽莎白自然对在当时意大利非常流行的东亚艺术品和中国风了如指掌 [图151]。

在伊丽莎白抵达马德里不久之后，她便重新装修了阿尔卡萨宫。王宫翻新工程由建筑家和装饰艺术家师雷诺·卡莱尔负责，是他首先将中国风引入西班牙。他曾用中国漆板装饰了一间储藏室。那些漆板拆自从中国进口的屏风，本为菲利普五世的父亲所有，后为菲

图151
中国风布帛画，18世纪下半叶，马德里帕尔多王宫
布帛上的两名中国乐师似乎飘游于天空之中，乐器、花卉和珍禽相伴左右，显得异常梦幻。这样的画面布局与阿兰胡埃斯宫内瓷器室的绘画类似。

利普五世继承。该储藏室内的架子上摆满了东方瓷器，可惜都没有被保留至今。

　　1723年底，伊丽莎白开始修建拉格兰哈宫殿（La Granja），该宫殿在圣伊尔德丰索，塞戈维亚附近的山上，距离马德里80公里。拉格兰哈宫殿修建时，伊丽莎白完全按照自己的喜好来进行内部装饰，并且把私藏绘画、雕塑等艺术品全部都搬到宫殿内。拉格兰哈宫殿后来也成为国王最喜爱的避暑胜地。宫殿中有一间漆器室，一半是用中国原产的漆画装修的，另一半则是西班牙制造的中国风漆画。尽管现在仅有几块漆画保存至今，但是在很多古代文献中都能找到西班牙工匠制造漆制家具并且模仿东亚漆饰的记录。例如安东尼奥·乌尔塔多和普洛斯佩罗·莫托拉，这两位工匠曾于伊丽莎白时期在拉格兰哈宫殿工作，但他们的作品已无从考证。

　　宫殿里面的漆器室是由罗马艺术家安德烈·波卡西尼设计的。在他死后，他的弟子多梅尼科·玛丽亚·撒尼和森普罗尼奥·苏比萨蒂继承了他的职位。他们曾设计了镜厅，内部墙上陈列着很多中国瓷器，与阿尔卡萨王宫的相仿。阿尔卡萨王宫的镜厅毁于1734年的大火。

　　拉格兰哈宫殿中另一个中国风房间是由建筑师菲利波·尤瓦拉设计的。1735年，他从皮埃蒙特来到西班牙。这个中国风房间被称为"卧室"（chambre du lit）。这个卧室的设计风格让人们想起了他在都灵设计的中国风房间 [图152]。这个卧室是拉格兰哈宫殿中唯一一个可以展现18世纪装修风格的房间：装饰用的漆板是康熙时期的中国彩漆面板，并且上面还有名家乔瓦尼·保罗·潘尼尼绘制的花鸟、奇石、建筑和人物等图案。

　　然而，西班牙最壮观的中国风房间是阿兰胡埃斯宫殿（Aranjuez）中的瓷器室，该王宫是在菲利普五世和伊丽莎白的儿子查尔斯三世最喜欢的住所 [图153]。王宫建造于1760年至1765年间，它是雷笛洛皇家工厂（Buen Retiro）最重要的设计作品。雷笛洛皇家工厂创建于1759年，是在查尔斯三世从那不勒斯来到西班牙当国王之后创办的。阿兰胡埃斯宫的瓷器室是在那不勒斯的波蒂奇宫的瓷器室

图152

中国风卧室，约1735年，塞戈维亚拉格兰哈宫

这间卧室是意大利的建筑家菲利波·尤瓦拉1735年来到西班牙后不久设计的。伊丽莎白下令添置了这间卧室，并且特许使用王室收藏的中国彩漆木板来装饰。

完工后不久建造的，从很多方面都脱胎于那不勒斯风格。阿兰胡埃斯宫的瓷器室很有可能是查尔斯三世的妻子玛丽亚王后下令建造的，她想要用它来代替意大利的那个瓷器室。马德里皇宫内的房间和波蒂奇宫殿内的房间是由同一批工匠建造的，其中包括朱塞佩·格里奇（宫内的一块镶板上留有他的签名）以及在1759年卡波迪蒙特工厂关闭后一直跟随查尔斯三世的工匠们。然而，这两个分别位于西班牙和意大利的瓷器室既有明显的相似之处，也有许多不同的地方。阿兰胡埃斯宫内的房间面积更大，布局更加细腻精致，色调更为丰富，天花板使用了瓷器做装饰，而不是传统的壁画。此外，亚洲风格的人物非常生动，同时淡化了绘画的叙事性。在房间四角的镶板上刻着国王姓名的首字母和时间1763年，作为工程完工的标志。著名艺术史家休·奥纳尔声称在阿兰胡埃斯宫中看到了出自大师詹多梅尼科·提埃波罗之手的装饰画。当时，提埃波罗确实在西班牙为查尔斯三世在马德里的王宫绘制装饰画，但是没有明显证据证明奥纳尔

图153

瓷器室，雷笛洛皇家工厂建造，1761—1765年，阿兰胡埃斯宫

这间瓷器室要比意大利的波蒂奇宫内的瓷器室大，是雷笛洛皇家工厂
的传世杰作。查尔斯三世从那不勒斯入主西班牙不久后，就下令添置
了这间房间。

的说法。

　　1763 年至 1771 年间，西班牙的建筑师们在马德里皇宫中又建造了另外一个瓷器室，里面收藏的陶器的装饰与波蒂奇宫殿和阿兰胡埃斯中的相似，都采用了希腊罗马酒神狂欢的主题 [图154]。除了瓷器收藏室，中国元素主题也被用在雷笛洛皇家工厂产品和小雕塑上面，但这些都不是最典型的代表 [图155、图156]。

图154

加斯帕里尼会客厅，1763—1771年，马德里皇宫

意大利的装饰艺术家马蒂亚·加斯帕里尼从阿兰胡埃斯宫的瓷器室汲取灵感，设计了这间金碧辉煌的会客厅。这间会客厅使用了浅浮雕为边框纹饰的中国风绘画和刺绣画来装饰天花板和内墙。

图155

中国瓷人，雷笛洛皇家工厂生产，1765年，美国波士顿美术馆

中国风在雷笛洛皇家工厂并不是陶瓷装饰匠人所偏爱的题材，他们更倾向于当时正处于萌发阶段的新古典主义风格。像这样的陶瓷摆件是少数的几件纯洛可可风格的艺术品。

图156

中国园林，阿兰胡埃斯宫王子花园

这座中国园林位于阿兰胡埃斯宫内，建于18世纪下半叶。

墨西哥屏风

17世纪至18世纪，墨西哥制造了许多颇具一格的中国风作品，其中最为独特的就是折叠屏风，这些产品在某种程度上与西班牙有关。这些屏风（在西班牙语和葡萄牙语里被称作"biombo"，是日语byōbu的音译，也就是"屏风"）是殖民时代美妙的文化和艺术信息在各大洲之间传播的经典之作。

墨西哥在1521年被荷南·科尔蒂斯领导的西班牙军队征服。16世纪晚期，墨西哥开始进口亚洲工艺品，这与1656年之后菲律宾沦为西班牙保护国有关。西班牙人从许多亚洲国家那里获得了各式各样的商品，从香料到家具，他们把获得的这些商品都运到了马尼拉——西班牙的远东总部。这些商品又从马尼拉运到了墨西哥的西海岸城市阿卡普尔科。在开始从美洲中部到欧洲的第二次远洋之旅之前，一部分东方商品在墨西哥被出售，主要都是卖给了构成该殖民国家最富有和最强大的贵族克里奥尔人。

在众多墨西哥进口的亚洲商品中，中国和日本的折叠屏风可能是当地贵族最喜欢收藏的。他们将屏风用作不同的用途，大部分情况下，屏风被当成家居装饰，给奢华的园林增添一点异国情调。

在很多古老文献中，有许多关于这些屏风到达墨西哥的记载，从16世纪末到17世纪初，在可考证的那些商品中，有五组屏风是日本的幕府将军德川家康（1543—1616）亲自下令送给墨西哥总督的。德川家康曾希望与中美洲国家展开外交和商业往来。

面对来自中国和日本的屏风，一些墨西哥的工匠，主要以普埃布拉和米切肯的工匠为主，开始有意识地以这些屏风为原型进行模仿和创作。有一种说法是，墨西哥的工匠是用从移民到墨西哥的中国人和日本人那里直接学到的东方技艺制作屏风的，但是并没有文献能够支持这种说法，仅有一些相关的史实可以从侧面反映。比如在1613年，日本派遣欧洲的第二批使团，其中一些人更倾向于在普艾布拉逗留，而不是前往马德里，他们宁愿待在那儿直到他们的同伴从欧洲返回。抛开这些争议，可以肯定的是，墨西哥屏风在17世纪早期就开始流行，并在短时间内获得了巨大的成功。他们不仅比从远东进口的屏风廉价，而且这些作品的题材更符合当地克里奥尔贵族新的品位。诸如此类的种种因素导致了墨西哥屏风风靡一时。虽然这些折叠屏风样式新颖，各有不同，上面装饰画描绘的是墨西哥当时的风土人情，是这段历史的见证者，但是其绘画风格更趋近欧洲传统。尽管如此，这些墨西哥主题的屏风也体现了一些中国和日本艺术的特征。比如，使用鎏金云纹来分隔不同叙事场景，或营造装饰性的背景，这是典型的日式屏风的特点。

　　带有明显中国风装饰特征的墨西哥屏风的数量更加可观。比如，近期马德里的美洲博物馆收购了一些可以追溯到17世纪晚期的作品［图157］，由十联漆画组成（这是中国和日本屏风画通常采用的式样），上面的装饰采用了西方布面油画的技法。这十联漆画分别描绘了中国人的日常生活场景，彼此间互相关联。这些场景中，有一些是在一座巨大的岛屿上，岛上有一些简单的建筑物；另外一些在四周被岛屿围绕的海面上，渔民和商人在海上坐着小船。水域将这个小岛与其他没有中国人活动的岛屿分开来：左起第一个面板上是一群长着胡须的裸体男人，可能是隐士，他们在小石窟里生活和祈祷。分布在这些画布表面的是一系列浅浮雕鎏金云纹，很显然，这一技艺

图157　十联中国风屏风漆画，墨西哥，17世纪晚期，马德里美洲博物馆

这件精美的中国风艺术品是在西班牙殖民时期的墨西哥制作的。画面描绘的是中国田园风光。中国对于当时的墨西哥人而言是处于亚洲东海岸的黄金国。

图158
彩陶盘，墨西哥普艾布拉陶
瓷窑厂制作，18世纪早期，
美国费城艺术博物馆
普艾布拉的陶器深受中国
外销墨西哥瓷器的影响，
对器型、图案和色调都进
行了模仿。

的灵感来自日本绘画。同样的技艺也用在了漆画边框上，分别在屏风的上部边缘以及十个采用双鸟侧翼装饰的纹章的下方。每一个纹章图示内都镌刻着带有教义的西班牙铭文。从整体来看，这些组合好像在描述一个富庶之乡，一片迷人之地，一个奇妙的、富裕而和平的地方。显然，在17世纪居于墨西哥的西班牙人的眼中，中国仍然是一个神秘而遥远的国度。

除了屏风，西班牙统治下的墨西哥还从中国和日本进口了一定数量的瓷器。从17世纪中期开始，墨西哥普艾布拉的陶瓷窑厂（在阿兹特克时期就是最重要的陶瓷中心）就开始生产模仿亚洲瓷器的造型及青花瓷的纹饰[图158]。到了18世纪，墨西哥的陶艺师们已经能够灵活运用东方的装饰图案了。虽然他们对当时欧洲的中国风陶瓷出现的新风尚有所了解，但是他们并没有因此随波逐流，相反，他们的中国风陶瓷保持了很强的地方色彩，例如，他们会使用一些非常精美而复杂的更趋近于西班牙墨西哥装饰画风的纹饰来制作陶器。

18 世纪欧洲的
中国风

意大利

Italy

"在钻石的顶部，有一个中国人，手臂上擎着一只大鸟。下面的外廊上摆有一个装满茂密叶子的大瓷瓶。在瓷瓶的旁边有两个中国人，手里拿着羽制华盖在相互说笑……"

朱塞佩·帕里尼
《米兰的盛大王室婚礼纪实》
1775 年

　　意大利地区长期由松散且互相独立的政体组成，直到 1861 年萨沃伊家族最终实现意大利的统一。有些地区受意大利境外的欧洲王室控制，例如伦巴第和那不勒斯王国。其他地区则是由本土王公们直接管辖，其余的地区则直属罗马教宗管辖（史称"教皇国"）。

　　几个世纪以来，这些地区不但保持了政治上的独立，而且在文化和艺术上的发展也各有特色，因此，亚平宁半岛上不同地区所形成的中国风也大有不同。意大利的中国风起源于 13 世纪，具有非常悠久的历史，其发展的进程主要受到两大因素的影响：其一，意大利本身具有收藏东方艺术品的传统；其二，受其他欧洲国家的影响。即使意大利从未和亚洲国家直通商贸，意大利的宫廷贵族对远东文化的了解还是能够做到与时俱进，这主要得益于和欧洲其他国家贵族的往来。

威尼斯共和国

　　在整个 18 世纪，威尼斯是引领欧洲风尚和文化的都城之一，当时正是中国风在欧洲发展的鼎盛时期。当时的威尼斯不仅受到东方作品的直接影响，对其他欧洲国家的中国风也持开放态度。当地的艺术赞助人们热衷于装饰和形式的技术改进，因此，在艺术家和工匠高超技艺的加持下，威尼斯成功地发展出别具一格的中国风。

18 世纪 50 年代，中国风在威尼斯的发展进入巅峰时期，许多出色的作品都能表明威尼斯的中国风不仅形式多样，而且极具艺术魅力。中国风在威尼斯几乎渗透到了各个艺术和技术领域，从壁画到漆器，从纺织到泥塑，与威尼斯进口的东方艺术品形成了完美互补。从 18 世纪中期开始，法国的影响力开始减弱，新古典主义风格开始占据主导地位，威尼斯人开始被更为奇异的带有中国风元素的英格兰和德国洛可可风格所吸引。

1716 年，波兰国王奥古斯都二世的来访对于异国情调在威尼斯的发展来说具有里程碑意义，被视为巴洛克中国风和洛可可中国风的分水岭。为了纪念这位德意志君主，威尼斯市政府在城内举办了一场名为"中国从亚洲凯旋而来"的花船游行庆典。亚历山德罗·莫罗把这一盛典用素描的形式记录了下来，不久，安德烈·祖奇根据前者的素描制成版画刊印 [图159]。这是一场典型的狂欢庆典，威尼斯人在花船上摆满了全部身穿"中式服装"（alla cinese）的人像。这些人像头戴锥形帽，在有限的空间内摆出各种夸张的造型。巨大的遮阳伞（华盖）几乎占据了花船。其中最大的两尊人像被分别放在船头和船尾，它们分别被天使托起，头部上方则是两位象征着美德的女神，做出加冕的动作。当时，活跃喜庆的气氛正适合这样的扮装舞会。这和多年前由华托绘制的关于即兴喜剧表演的场景类似，戏剧丑角们都被迫给一位叫作"威尼斯人"的瓷器商人让路 [图160]。

18 世纪中期，以中国为题材的戏剧在欧洲非常流行。1735 年，梅塔斯塔齐奥在维也纳创作了《中国妇人》（Le Cinesi），该戏剧在同一年的嘉年华上举行公演，并由玛丽亚·特蕾莎、她的妹妹及另外一位宫廷贵妇人作为演员即兴演出。可惜，当时该剧并未能在威尼斯上演，约 1748 年至 1750 年间该剧才传入意大利。后来尼古拉·孔福尔托将其改编成音乐剧并重新起名为《中国盛宴》（La Festa Cinese），后来在西班牙上演以庆祝国王费迪南多六世的生日。1754 年，孔福尔托的《中国英雄》（L'Eroe Cinese）也在西班牙上演。1752 年，

图159

亚历山德罗·莫罗和安德烈·祖奇

《"中国从亚洲凯旋而来"王室庆典》

版画，1716年

这幅画的构图是典型的18世纪威尼斯
中国风。慵懒姿势的东方人物，锥形帽、
遮阳篷等元素在威尼斯式中国风发展过
程中持续不断重复出现。

图160

中国风纹饰布料，威尼斯制造

约1700年，意大利普拉多布帛博物馆

这是一件18世纪早期威尼斯纺织品的一部
分，从上面已经很难分辨出图案的起源。或
许，它是源自在欧洲出版过的仍在17世纪中期
意大利流行的东方主题图案。

彼得罗·恰里的《中国奴隶》（*La Schiava Cinese*）首次在圣天使剧院公演。该剧受到了人们的热烈欢迎，恰里继而又创作了续集《中国姐妹》（*Le Sorelle Cinesi*）并在次年公演。梅塔斯塔齐奥又根据法国耶稣会士杜赫德翻译的一出中国戏剧做了改编，并命名为《中国英雄》（*L'Eroe Chinese*）。该剧于 1752 年春天在美泉宫首演。仅仅过了三年，伏尔泰创作的最著名的《中国孤儿》（*L'Orphelin de la Chine*）在 1755年 8 月 20 日举行公演，该剧是 18 世纪最成功的戏剧，为整个启蒙运动定下了推崇远东文化的基调。1761 年，卡洛·戈齐推出了他最著名的戏剧《图兰朵》。《图兰朵》后来经席勒、布索尼、普契尼等欧洲戏剧巨匠多次改编，经久不衰。时至今日，该剧仍在上演。奇怪的是，戈齐作品中的中国是残酷无情的，这与梅塔斯塔齐奥作品中优雅善意的中国形成了鲜明的对比。事实上，他们的戏剧却都被大众热烈而广泛地接受了，因此评论家们说，无论戏剧展现的是中国哪一个方面，在当时这些剧目无一例外地点燃了威尼斯人民对中国的激情。

　　威尼斯最著名的中国风艺术建筑便是由"小提埃波·罗"詹多梅尼科创作的、位于维琴察（Vicenza）的瓦尔马拉纳山庄（Valmarana）的"贵宾室"（Foresteria）[图161]。这是"老提埃波罗"詹巴蒂斯塔首次和他长子詹多梅尼科一起合作，詹巴蒂斯塔装饰的主楼房间具有欧洲风情，而詹多梅尼科选择用非正式的壁画甚至一些风俗画来装饰"贵宾室"。这间中国式房间有五个不同中式主题场景："中国面料商人""两个中国人和一个大花瓶""中国君主与算命先生""漫步中的中国官员"以及"向神灵致敬"。小提埃波罗一直关注着欧洲中国风的发展，尤其是他在德意志和法国游历期间。不过由于他设计的作品取材广泛，因此很难进行源流考证。这些中国风插图，不仅精准地再现了针织物和瓷器的颜色等的细节表现，还透露出具有威尼斯艺术特色的环境氛围、光线质量和人物表情——具有瞬间唤醒威尼斯文化和艺术的特性。这也使得提埃波罗在瓦尔马拉纳的作品看起来像是 18 世纪威尼斯形式广泛、风格多样的中国风艺术的集大成者。威尼斯的漆匠师们都对欧洲贵族上层的流行有着

图161

詹多梅尼科·提埃波罗,《中国布商》, 壁画, 1757年, 维琴察, 瓦尔马拉纳山庄

詹多梅尼科·提埃波罗在瓦尔马拉庄园中的壁画是意大利最著名的中国风壁画之一。这种威尼斯风格的壁画, 诠释了在18世纪中期风靡整个欧洲的中国风。

图162

带有中国风漆画的木门（正反两面），约1758年，威尼斯雷佐尼科宫

这扇门是詹巴蒂斯塔·提埃波罗和他的儿子詹多梅尼科在雷佐尼科宫
监督内部装修时期专门为宫殿内的房间定制的。因此，他们很可能参
与了这样超高水准的中国风设计。

深入的了解，同时他们也在自己的装饰传统和外界影响之间寻求着平衡。最好的例子就是制作于 18 世纪的威尼斯家具中的一扇门，门的两侧都漆有黄色的漆料，并且装饰着洛可式中国风的花卉图案，该门现在收藏在雷佐尼科宫博物馆（Ca' Rezzonico Museum）内[图 162]。图中的人物画法不仅体现了中西文化的交融，反映了威尼斯式中国风的精髓。这些人物身穿东方风格长袍，头戴经典的锥形帽，有的骑着骆驼，偶尔在棕榈树的树荫下休息，有的在收取礼物或者在遮阳伞下讨好女士。这些在不同的时间和地点出现的人物都通过绘画被凝固在一瞬间。这扇门是 18 世纪中期雷佐尼科宫一楼两个相邻的中国风房间之间的门。老提埃波罗是当时的主要装饰设计师，他的儿子詹多梅尼科担任助理。据说老提埃波罗为这两间中国风房间的装修设计提供了必要的建议，由一位不知名的艺术家根据他设计的草图完成了壁画。

　　拼贴装饰技术和漆器绘画艺术有着密切的联系，工匠们将剪下的图像运用到漆器装饰中，在漆器的表面将图像雕刻出来以创造精美的装饰图案 [图 163]。这项技术在威尼斯取得了很多成就，制作出来的漆器也被称为"贫民漆器"（lacca povera），暗指这种漆器源自那些装饰样式更为高贵的漆器。虽然这种技术最早是在 17 世纪早期出现的，但是直到 18 世纪，一些艺术家为了满足自己的艺术需求，它才风靡整个欧洲。这种现象导致专为此目的而设计的印刷品的出版，事实上，《淑女娱乐》（Ladies Amusement）仅仅是为拼贴爱好者出版的图片画册，而并非针对专业的漆匠师的读物。从这些图片中可以明显看出中国风的图案，且这项技术最开始就是为了满足在漆器上雕刻图案而产生的。总部设在巴萨诺的雷蒙蒂尼（Remondini）公司出版了一系列和中国有关的画册，以满足人们的强烈需求 [图 164]。

　　继梅森和维也纳之后，来自威尼斯的乔瓦尼·韦齐于 1720 年创办了欧洲第三家瓷器工厂 [图 165]。由于受到诸多问题的困扰，韦齐的工厂仅仅运营了七年，不过在那短暂七年中生产出来的瓷器都有着良好的品质。韦齐工厂致力于仿制中式和日式瓷器中最精华的部分，在当时的欧洲独一无二。韦齐工厂希望通过这种方法与梅森工厂竞争。

图163
意大利北部（极有可能是
威尼斯）的"拼贴柜"，
18世纪中期，特此鸣谢
Wannenes, Genoa

图164

雷蒙蒂尼，中国风，彩色插图，1775年后

雷蒙蒂尼公司极有可能得到了一些由马丁·恩格尔布雷希特雕刻的原始铜版作品，可能是从他的继承者手中购得，然后将其运用到新的插图作品之中。该画作印证了这一理论。

图165

灯笼，威尼斯，韦齐工厂，1727年前，私人收藏

该灯笼上的装饰风格很显然是基于贝兰的作品，他的雕塑作品在威尼斯可谓家喻户晓。

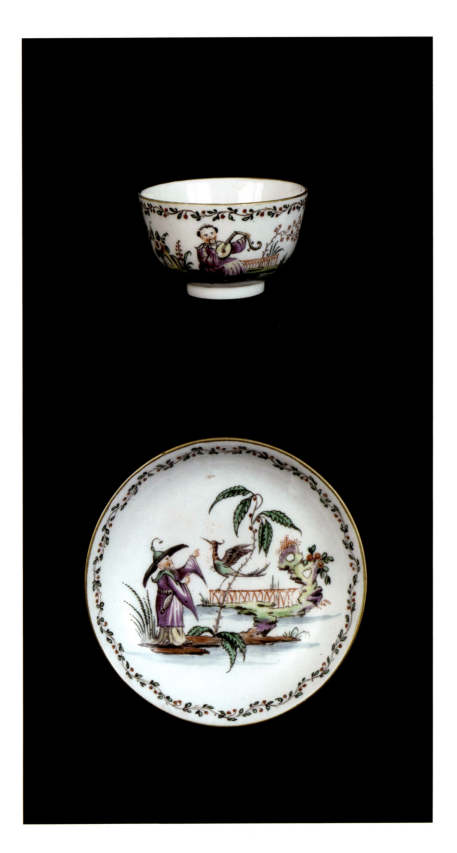

图166

**瓷器茶具，诺夫工厂，约
1770—1780，罗马詹保
罗·卢卡斯收藏**

在韦齐工厂关闭之后，诺夫
工厂和威尼斯的科齐工厂
开始生产陶器和瓷器。这两
家工厂都生产了大量的带有
中国风图案装饰的陶器和
瓷器。

在韦齐工厂关闭之后，威尼斯的瓷器主要出产于巴萨诺附近的诺夫（Nove）工厂。之后则由科齐瓷器厂生产，该工厂是1764年由吉米尼亚诺·科齐在威尼斯创办的 [图166]。

皮埃蒙特和撒丁王国

在萨沃伊家族的统治时期，皮埃蒙特成为意大利诸国中最让人陶醉的中国风腹地。由于中国风受到众多王室成员和有影响力的达官贵人的青睐，许多中式风格的装饰、中式家具和配件、漆制家具及陶瓷都被幸运地保存了下来。

对东方艺术的热情在维托里奥·阿米地奥二世和他的妻子安妮·玛丽·奥尔良统治期间开始盛行。也正是这段时间内，菲利波·尤瓦拉开始负责翻新萨沃伊家族所有的府邸。尤瓦拉是一位极具天赋的建筑家，曾在罗马学习，主要研究现代法式建筑。

波吕克塞娜是卡罗·埃马努埃莱三世的第二任妻子，她在1732年至1735年间下令在王后庄园（Villa della Regina）中修建四个中式房间，尤瓦拉和他的助手，来自塔维利亚诺的乔瓦尼·彼得罗·巴罗尼负责房屋的建造 [图167]。整项工程（包括内部东方风格的装饰）于1737年完工，恰好赶上了埃马努埃莱三世和他第三任妻子伊丽莎白·特雷兹的婚礼。王后庄园是开放空间设计、建筑结构和室内家具装饰的完美典范。这四个中式房间位于庄园的末端，在北部和南部的塔楼里面。有三个房间最终保留了下来，第四个房间后来被拆除，于1867年被转移到蒙卡列里（Moncalieri），1888年又被移至罗马用来修建奎里纳勒宫（Palazzo del Quirinale）。王后庄园中剩下的三个中式房间，有两个是在国王的公寓里面，有一个是在王后的公寓里面，这三个房间全都用漆板装饰墙面。彼得罗·马萨是皮埃蒙特地区传播中国风的领军人物，他负责对这四间中式房屋进行装饰，在很多装饰细节的地方都出现了他的名字。无论是景观的安排、人物的描绘、植

图167

中国室，1732—1735年，意大利都灵，王后庄园

这个近期被修复的王后庄园内的中国房间是尤瓦拉为萨沃伊王室建

造的第一个中国风作品。其中的这块漆板是彼得罗·马萨创作的，他被

认为是都灵最具有天赋的中国风传承者。

物的摆放，还是颜色的选择，这些装饰元素都会让人们想起萨沃伊家族收藏的中式漆器和瓷器，使用嵌螺钿和青花图案，或者在红黑的背景上涂上金色的图案 [图168]。

尤瓦拉在王后庄园中使用的中式装饰设计后来也被运用到皇宫的建造装饰之中。其中最具有代表性的中国室位于一层国王寓所内 [图169]。原计划皇宫的中式房间于1732年修建，但是直到1736年至1737年，房间才修建完工，而此时尤瓦拉已经离开皮埃蒙特前往西班牙了。同年，尤瓦拉在一个古董商手里为埃马努埃莱三世购置了许多中式和日式漆画面板。尤瓦拉用这些面板给房间的镜子制作了雕花镀金木框。此外，这些面板被认为非常适合用来装饰王后的更衣室，这间更衣室后来成了国王卡罗·阿尔贝托私人秘书的办公室。彼得·马萨受雇来组装这些面板，他将一些面板装饰成中国风，与房间内原有的东方作品形成呼应。王宫中的中国室后来成为洛可可时期皮埃蒙特最主要的成就之一，也是菲利波·尤瓦拉最杰出的作品之一。带有精美花鸟图案的40个金色和黑色中国漆制面板，完美地融入了彼得·马萨的设计，墙壁上带有精湛雕花框架的镜子也折射出美丽的光芒。

除了维纳利亚王宫（Venaria Reale）和都灵王宫（Palazzo Reale），在18世纪皮埃蒙特萨沃伊家族的其他宫殿中还添置了许多中国室 [图170]。这其中有一间游戏室修建在斯杜皮尼吉（Stupinigi）宫的一楼，装潢师克里斯蒂安·威尔林用花和鸟装饰了这间游戏室 [图171]。

图168A
彼得罗·马萨，《一对中国小天使》，18世纪中早期，特此鸣谢芝勒古董行
这是关于中国风主题的一个另类新解，马萨，可能是这件雕塑的作者，他将世俗与宗教结合起来，创造了两个天使样子的中国男孩形象。

图168B

彼得罗·马萨，一对中
国风木板，1759年，私
人收藏

马萨是18世纪中期皮
埃蒙特引领中国风的
漆匠。其中有一块木板
上面有他的签名和日
期，刻于1759年。

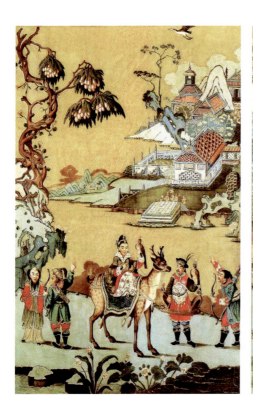

图168C

彼得罗·马萨，一对中
国风木板，1759年，私
人收藏

马萨从萨沃伊王室收藏
的远东进口的艺术品
以及皮埃蒙特获得的
中国主题的藏品中寻
找到了关于中国风场景
的灵感。

图169

**中国室，局部，1736—1737
年，意大利都灵王宫**

这间都灵王宫内的漆器室
是皮埃蒙特中国风的传世
之作，它是由菲利波·尤瓦
拉在18世纪30年代初设计
的，它的建成归功于许许多
多为萨沃伊王室工作的与马
萨一样的艺术家和工匠们。

图170

三对木板，皮埃蒙特制造，布面彩色版画，18世纪

芝勒古董行

这里的六个面板最初来自维希（Biragodi Vische）家族的城堡，它们
证明了中国风在皮埃蒙特传播，而不是仅仅局限于萨沃伊王室中。

图171

克里斯蒂安·威尔林，花鸟奇石图案组成的中国风

18世纪60年代，乔瓦尼·普拉特西提供

克里斯蒂安·威尔林是专门从事东方风格图案研究的装潢师，他最出
名的作品是斯杜皮尼吉宫里的游戏室，是以近似于东方风格的图案进
行装饰的。

那不勒斯和西西里王国

六卷本巨著《环游世界》(*Giro del Mondo*) 于 1698 年在那不勒斯出版，作者佛朗切斯科·卡雷里是一位环游世界的法学家 [图 172]。书中最著名的插图便是《南京大报恩寺瓷塔》，是作者在 1695 年游历中国南京时所见。插图的绘画风格与其他 17 世纪有关中国的版画非常相似，尤其与那些在纽霍夫著作（1665）中出现的作品相像。然而，这也可能是 18 世纪第一部传递了关于中国风土和行政制度负面观点的作品，使意大利南部出现了一些排外和反华的情绪。

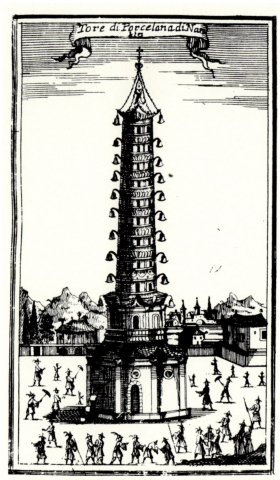

图172
《南京大报恩寺瓷塔》，卡雷里《环游世界》插图
1698年，那不勒斯
卡雷里书中的这座南京瓷器塔雕刻艺术品是纽霍夫众多印刷品遗作之一。这位活跃于那不勒斯的意大利艺术家、建筑家及工匠对这幅图了然于心。

　　18世纪，那不勒斯的中国风从日常生活传播到了宗教领域。在圣玛利亚修道院内有两间房间，其中一间曾经是药剂店，1707年屋内添置了丰富多彩的壁画，有草药缠枝纹、星盘、佛教场景以及来自中国和印度的僧人。尽管这看起来很奇怪，天主教场合出现了异教图案，但那不勒斯的宗教团体就是如此热衷于东方主题，城市中成立的中国学院也从侧面说明了那不勒斯对中国文化的向往。这个学院机构成立于1724年，创立者是马国贤，他在1710年到1723年间在中国传教；学院创立的目的是教育那些在故土皈依天主教并跟随马国贤到意大利的中国人。该学院的成立在那不勒斯引起了一场关于远东局势的文化辩论，同时也影响了许多那不勒斯工匠和艺术家们的创作，使他们开始尝试制作中国风艺术品。马国贤曾经是一名技艺高超的画家：康熙皇帝曾请他来为清宫和避暑山庄制作了36幅铜版画（《御制避暑山庄图咏三十六景》）。这些作品在欧洲声名远扬，是中英混合式园林的灵感源泉。[图173]

图173

马国贤，《西岭晨霞》，铜版画，1711—1713年

马国贤出生于距离那不勒斯不远的恩波利（Eboli），他在1711年到1723年间为康熙皇帝作版画。他创作了一系列有关承德避暑山庄风景的铜版画，这些作品在英国极受欢迎，更有助于中英混合式园林的传播和普及。

波旁家族的查尔斯[1]（1716—1788）身兼那不勒斯、西西里和西班牙三地国王，1734年来到那不勒斯，1759年前入主西班牙：对中国风艺术和建筑的赞助在他统治时期兴盛起来。他建立了一系列的艺术工坊——宝石厂、挂毯厂、瓷器厂，玻璃作坊等——在那不勒斯掀起了一系列艺术活动。

虽然路易基·万维泰利并不是一个真正意义上的中国风爱好者，但也不可避免地受到了这种时尚风潮的影响，那个时期那不勒斯确实掀起了一股名副其实的中国风热潮。玛利亚王后任命万维泰利为波蒂奇（Portici）庄园的花园设计了一个中国风的亭子。尽管这个亭子后来并没有建造起来，但是它的模型保存在了卡塞塔宫（Caserta）[图174]。万维泰利成功设计出了这样的建筑，它不但相当古典（拥有六边形外观和科林斯希腊柱），还带有许多的东方特征，如龙纹、珍禽图示和铭文，还有一些中国建筑结构元素，如镂空雕花的门窗、位于缓坡上的六个小型的带有弧形屋顶的楼阁，以及楼顶的开放式结构等。

皇家瓷器厂，位于大皇宫的花园里，于1741年开始运营，在1759年查尔斯国王移居马德里的时候关闭了。查尔斯国王在马德里建造了雷笛洛皇家工厂（Buen Retiro），他不仅从卡波迪蒙特工厂迅速迁移了大量的工人，还把制造模具和裱糊等都运到了马德里。为了防止他儿子继续使用留在那不勒斯的工厂，他下令将当地的器械全部销毁。

皇家工厂最伟大的杰作、全欧洲最精致的中国风作品之一是1757年至1759年为玛利亚王后建造的波蒂奇庄园内的瓷器室[图175]。1866年，整个房间都被迁移到卡波迪蒙特，仅留下用石灰浮雕装饰的天花板，以及在1955年到1957年间被迁移到那不勒斯的水晶吊灯。整个房间的布局都是由来自皮亚琴察（Piacenza）的纳塔利设计的，

1　译者注：查尔斯在西班牙被称为卡洛斯三世，他敌视耶稣会，并在境内驱逐耶稣会士。耶稣会在之前多次卷入欧洲天主教各国的政治阴谋中，最后教宗宣布解散耶稣会。

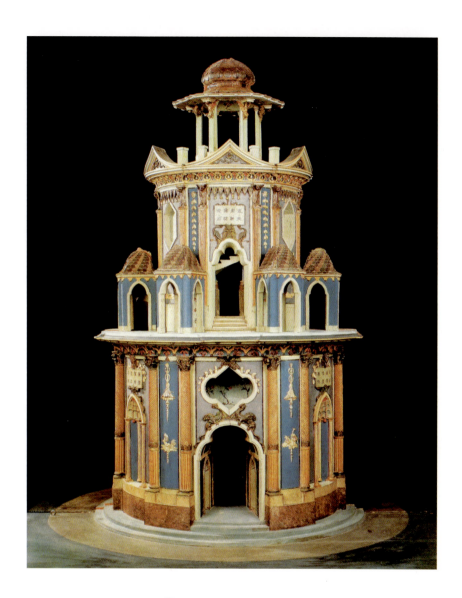

图174

路易基·万维泰利，卡塞塔宫中国亭阁模型，约1760年，卡塞塔宫

路易吉设计这个亭阁是为了满足波旁王朝的统治者和他们对东方的
向往。考虑到卡塞塔宫周围的花园需要扩展延伸，这样的建筑结构从
未被尝试过。尽管混合了东方风格，但建筑从整体结构上来说，还是
属于古典主义这一派的，这反映了万维泰利的偏好。

图175

瓷器室

**那不勒斯卡波迪蒙特工厂
生产，约1757年，卡波迪蒙
特博物馆**

这是洛可可最伟大的作品之
一，同时，它也毫无疑问成
为卡波迪蒙特工厂最寄予希
望的作品。用来装饰这间瓷
器室的墙壁和天花板的艺
术图案模型源自18世纪早
中期的欧洲中国风，尤其是
法式中国风。

而由朱塞佩·格里奇负责其中的雕刻装饰。绘画由西吉斯蒙多·费希尔和他的助理们负责，由于费希尔在 1758 年不幸离世，绘画部分后来由路易吉·雷斯蒂尔接手完成。

这座那不勒斯的"奇珍室"的装饰，约 81 平方米，按照预先设计序列组合的彩色瓷板覆盖了整个房间的墙壁。石灰天花板绘有"瓷器上绘制的图案"。这些高浮雕的彩色装饰位于白色背景上，垂直平行排列着，被贝壳装饰物分开，并点缀着乐器、猴子、珍禽、东方面孔的面具、龙及女人的面孔等——所有的饰物都被鲜花和丝带缠绕着。靠近天花板的地方，鎏金的框架与一系列人物场景的卷轴相连接，这些场景通常描绘的是两个服饰穿着最优雅的中国人，他们仪态端庄，与 17 世纪欧洲对古代中国（Cathay）的想象不谋而合。参与"奇珍室"建造的工匠们无疑接触到了进口的地道远东方物，这体现在他们对中国的传统乐器、发饰服装的准确描述以及装饰上能够被完美翻译出来的中国铭文等。这些图释场景与 18 世纪上半叶的法式中国风（华托、布歇、休特和胡奎尔）在风格上具有相似性 [图 176、图 177]。

费迪南多四世 (1751—1825) 在被流放到西西里岛之前，在那不勒斯着力推广中国风，18 世纪后期那不勒斯对于中国风的喜爱在蕾西纳（Resina）的法沃里达庄园（Villa Favorita）中可见一斑 [图 178]。这座庄园位于一个能够俯瞰大海的绝佳位置，1796 年被大力翻新，此时距离拿破仑引发的那不勒斯革命还有三年。在这短暂的时期内，许多的装饰工程都已竣工，家具也几乎全部齐备了。尽管庄园的保存状况非常糟糕，内部的长条形中国式的壁画至今依稀可见。他们呈现的是大型中国人物的绘画场景，画中人物有的只是简单站着，有的在专心钓鱼或者演奏乐器，其中一些肖像的原型来自杜赫德 1736 年出版的插图。天花板的装饰——覆在画布上的纸本蛋清画——已经出现褪色。这些画作在明亮的背景上使用了更加淡雅的色彩。天花板的两个长边上只有两幅场景画，人物倚在竹藤架，边上有栏杆和优雅的花香花环。这个房间是那不勒斯中国风 1775 年之后产生变化的绝佳见证者。实际上，与早前的洛可可风格相比，它更讲求量化精

图176

瓷制茶具，卡波迪蒙特工厂生产，约1750年，罗马，詹保罗·卢卡斯收藏

中国风主题自始至终都是卡波迪蒙特工厂的作品里最受欢迎的一类。通常，那不勒斯的装饰家们既可以从远东作品中找到灵感，也能从欧洲中国风的艺术作品中汲取养分。

图177

陶盘，那不勒斯韦齐奥工厂，约1764年，罗马詹保罗·卢卡斯收藏

18世纪，那不勒斯的陶瓷工厂仓库里几乎都有中国风主题的作品。在这种情况下，室内装饰者经常能够从类似主题的法国画作中找到有关异国情调场景的灵感。

图178

安德烈和罗伦佐·朱斯托

中国室中的墙面画，1796—1799年，蕾西纳，法沃里达庄园

这座法沃里达庄园的大部分设计和装饰属于中国风风格。它建成于法国占领的动荡时期，几乎注定会被遗弃，因此，建筑处于严重失修的状态中。

准而减少了很多想象，在理念上与新古典主义更加接近。新古典主
义在当时的欧洲十分流行。因此，它总体给人的印象就是典雅和明亮。
其装饰既体现了中西方艺术交流，而又显得十分严谨。

能够最好地反映西西里岛的中国风的建筑是"中国宫殿"（Palazzina
Cinese）——位于巴勒莫（Palermo）法沃里达公园内 [图179]。它被认为
是 18 世纪西西里王国中国风发展到最后阶段的结晶。这座庄园是为
费尔南多四世和他的妻子修建的，他们因 1798 年那不勒斯的革命起
义被流放到西西里岛。这对夫妇在巴勒莫北部的山脚下购置了一片
巨大的土地，紧邻西西里岛那些最重要的贵族府邸，在这里他们希
望能够愉快安逸地度过流放生涯。在建造这座受人瞩目的建筑之前，
统治者们就已经把许多的东方元素引入当地，同时也为巴勒莫带来
了中国风发展的契机。这个项目是由朱塞佩·马尔武格里亚完成的，
在这之前，几乎是在同一公园内，马尔武格里亚就已设计了一个类
似的建筑，是隆巴多家族的遗产。这个早前的建筑是一个温和的木

图179

"中国宫殿"

1798—1807年

巴勒莫法沃里达公园

由朱塞佩设计，并在之前木
质结构建筑基础上建造起
来的这座宫殿，是意大利中
国风建筑中最为迷人的一
座。富于异国情调的主题与
新古典主义风格的建筑完
美地结合在了一起。

质结构,皇家宫殿里的彼得罗·马尔托拉的水彩插画对此有图示说明 [图180]。与原始的建筑相比,这个中国宫殿的最终将优雅与尊严完美地结合。朱塞佩巧妙地平衡了该建筑所强调的中国特色和新古典主义的理念之间的关系。该建筑于 1805 年和 1815 年间完成,庄园的内部装饰结合了各种风格的复兴,这是那个时期常见的装修方法 [图181]。东方元素,与维苏威古典主义(Vesuvian)、后巴洛克风格和英格兰中国风交相呼应,多种风格并存而不冲突,这种组合创造出别具一格的中国风。其色调虽然明亮艳丽,但画面上出现了许多古典主义的对称式几何装饰纹饰,与带有东方情调的洛可可风格相距甚远。

图181
佚名西西里画家，中国风墙纸画局部，约1805—1815年，巴勒莫"中国宫殿"
"中国宫殿"里的壁画体现了优雅而复杂的东方主义，并受到了新古典主义式和谐风格的影响。其中的人物常以安静的姿态出现，在一定程度上展现了东方人物的浪漫理想主义。

罗马和梵蒂冈地区

　　1735 年，法国皇家艺术学院的学生们为法国驻罗马大使圣艾尼昂（Saint-Aignan）公爵设计了《中国扮装庆典》（*Chinese Masquerade*）的舞台布景，是当时盛况空前的庆典活动。同年，让·巴蒂斯特·皮埃尔创作了一幅版画描绘了这一事件 [图182]。虽然这幅版画没有容纳整个场景，但从中看出庆典中的人们身穿中国清朝的服饰，男人贴着八字胡，坐在花车上载歌载舞，正好经过罗马著名的地标——图拉真凯旋柱。花车周围的装扮者还弹奏着乐器，手持中国式物品，广场上的群众有的穿着羽毛装饰的礼服，使得整个场景显得欢快热闹，充满了节日的气氛。

　　在罗马贵族宫殿中幸存下来的 18 世纪东方风格的房间中，位于夏拉宫（Palazzo Sciarra）二楼的镜厅以其别具一格的设计而著称 [图183]。镜厅添置于 1750 年，由当时的主教普洛斯佩罗·科隆纳组织宫殿的翻新工作。路易吉·万维泰利参与了翻新设计，他最重要的建筑设计便是主教的书房。他也许草拟了镜厅的基础建设图纸，但并不是最终的设计师。镜厅整体面积不大，呈方形，天花板较低。

图182

让·巴蒂斯特·皮埃尔，《中国扮装庆典》，1735年

该庆典于1735年在罗马的街道上举行，庆典花车的设计和1716年波兰国王奥古斯都二世拜访维也纳时举行的庆典相似。

图183

斯特凡诺·波齐，《中国风绘画》局部

1750年前，罗马夏拉宫镜厅

画家波齐绘制的中国风场景虽然深受法国18世纪早期中国风的影响，但其装饰技法已经达到一流水准。

内饰风格中西并用。中国场景画由斯特凡诺·波齐和他的学生绘制，绘于六扇门及两块绿色漆板上。房间的架子上摆放有许多东亚的瓷器，是主教的个人收藏。

1720 年，耶稣会的学者、罗马学院珂雪博物馆的管理员菲利波·博南尼（1638—1725）出版了《仿中国漆法指南》[1]。博南尼之前多次根据李明 1687 年提供的方法，用从中国进口的清漆原料（献给托斯卡纳大公科西莫三世的礼物）研制漆料，但一直没有成功。于是他便设法收集各种漆料制作方法，包括珂雪和前往中国传教的耶稣会士的相关记载，加上他个人实验的心得，编纂成书，希望有人能够根据书中的各类方法最终成功地研制出漆料。后来许多欧洲漆器制作指南都参考了这部书，比如英国人斯托克和帕克于 1688 年出版的《论漆》。

比较幸运的是，18 世纪中期许多在罗马制作的采用中国风纹饰的漆制家具被保存了下来 [图184、图185]。其中许多与 18 世纪初英国制作的非常类似。比较常见的家具是橱柜，通常用红黑漆色。采用的纹饰较为多样化，既有中国和印度的，也有中东和欧洲的中国风图案。

法恩扎（Faenza）的费尔尼亚尼（Ferniani）伯爵拥有一家陶瓷工厂，以生产东方风格的彩陶著称，其历史可以至少追溯到 1731 年。当时罗马地区的人们争相购买中国和日本的瓷器，该工厂便投其所好生产了大量仿品 [图186、图187]。在正式接手经营家族的陶瓷工厂之前，安尼巴莱·费尔尼亚尼曾去法国和德意志取经以便提高工厂的生产效率。他把新学的知识、技术和一些进口的远东瓷器（在欧洲各地购得）带回家乡。后来，工厂的瓷艺师根据这些设计出了新的中国风纹饰。18 世纪中期到后期费尔尼亚尼陶瓷厂生产的陶瓷就使用了这些新设计。

1　*Trattatosopra la cornice dettacomunemente Cinese.*

图184

祈祷桌，罗马制造

约1725年，罗马私人收藏

这件宗教用具表明在罗马中国风的
装饰也用于宗教场合。中国场景使用
金色黑底描绘，采用了欧洲北方的绘
画风格。

图185

欧式半桌，罗马制造

18世纪中期，罗马私人收藏

这里的纹饰取材于18世纪
荷兰商人从日本进口的布
料，当时从中国进口的布料
要远比从日本进口的多。

图186

宝塔纹饰盘，法恩扎，18世纪中后期，私人收藏

法恩扎的陶艺师在创作这件作品时参照了18世纪中期中国外销瓷。湖畔园林场景在远东比较常见。

图187

康乃馨纹饰盘，法恩扎，18世纪中后期，私人收藏

康乃馨纹饰是意大利最为原创的陶瓷图案，虽然参照了许多东方陶瓷的元素，但是在欧洲，这是费尔尼亚尼陶瓷厂标志性的作品。

托斯卡纳大公国

1712 年到 1713 年间，以浪漫不羁著称的作家吉罗拉莫·吉利撰写了戏剧《加泽提诺》（*Il Gazzettino*）。剧本描绘的是虚构的中国君主乔纳塔七世（Gionata Ⅶ）修书与罗马教宗希望和亲，然后在意大利发生的各种各样有趣的事件。吉利戏剧中的反讽也许是受到了莫里哀戏剧的影响，不过吉利极为歇斯底里的写法反映了托斯卡纳的地方特色。吉利戏剧中添加的反讽，使他可以对贵族和神职人员，特别是耶稣会士，加以调侃和抨击。吉利在戏剧中大胆描绘中国服饰，但是这应该仅仅是为了符合中国题材的设定，而并不是因为作者对叙述中国这一遥远国度有着特殊的偏好。尽管如此，中国奇幻题材的设定选择，似乎并非出于偶然。事实上，18 世纪早期，托斯卡纳地区，特别是在统治阶层，人们对远东文化特别感兴趣。

在美第奇家族统治晚期，大公国内最华美的中国风内饰要属距离佛罗伦萨不远的丽莉阿诺庄园（Villa Lilliano）内的印度室 [图 188]。庄园的内墙和天花板都画有远东风情的图案。绘画场景是梦幻中的远东，中国人、中亚人和南美洲人都在室外活动。画中的风景充满了奇石、怪树、园林、停满小船的湖泊和江河，与画中人为伍的还有大象、海龟和鸟类。绘画的风格很明显受欧洲北方地区影响，特别是英国和荷兰，而且很多图案来源于英国人斯托克和帕克 1688 年出版的《论漆》。这些装饰画是由画家马里诺·贝纳利亚约 1702 年完成的。当时丽莉阿诺庄园的主人是美第奇家族的大主教佛朗切斯科·美第奇，他是远东艺术的推崇者，收集了大量的远东艺术品。

由于美第奇家族绝嗣，托斯卡纳被哈布斯堡家族兼领，先后经历了"摄政时期"（1737—1765）和彼得罗·利奥波德统治时期（1765—1792）。这一时期中国风在托斯卡纳的发展比较特殊。一方面，美第奇家族超过 300 年的东亚艺术品收藏彻底散落各地；另一方面，利奥波德又带来了另一种中国风 [图 189]。在利奥波德最喜爱的宅邸，皇家小丘庄园（Villa del PoggioImperiale）有九间房间采用了中国风。

图188

马里诺·贝纳利亚，中国风，约1702年，佛罗伦萨，丽莉阿诺庄园印度室

丽莉阿诺庄园离佛罗伦萨市不远，其周围带有异域装饰风格的建筑如咖啡屋没有被保存下来。它的主人是大主教佛朗切斯科·美第奇，他经常在这里招待客人，与他们品茶、喝咖啡和热巧克力。

图189

F·穆利内利，《为庆祝大公夫人玛丽亚·特蕾莎的婚礼而在卡希公园举行的马车比赛，1781年9月9日》

庆典最有趣的地方便是采用了新的中国风，马车比赛在被称为"Quercione"的场地上举行，马车必须绕过场地两侧用火把和鲜花装饰的中国风柱子，场地中央有乐队演奏。

其中四间内墙上都贴有中国进口的墙纸画，而在毗邻的一个小房间内则挂满了带有画框的版画，其中大多数是在1786年到1787年间购入的 [图190]。两间房间的墙纸使用了花鸟画，而另外两间则是带有人物和建筑的场景画。其余四间中国室则使用了印度布料上的那种花纹作为装饰。为了保证庄园中国风的整体效果，热内亚专门从事模仿远东图案的画家威克瑞斯和萨勒受命绘制了许多花鸟和中国场景画，用来装饰门框和窗户 [图191]。

庄园里的花鸟画墙纸为保罗·米廖拉蒂带来了灵感，他后来为利奥波德的妻子玛丽亚·路易莎公爵夫人设计了华丽的刺绣画。这件作品是为皮蒂宫（Palazzo Pitti）内的皇后闺房准备的，耗时耗力，由米廖拉蒂的夫人和助手们花费三年时间，于1783年制作完成 [图192]。

卡洛·吉诺里伯爵在佛罗伦萨附近的塞斯托开办了一家陶瓷工厂，并于1737年正式运营 [图193]。和当时其他欧洲重要的窑厂（如梅森和迪帕基耶）不同，卡洛·吉诺里没有得到王室的补贴，完全自负盈亏。吉诺里找到了几处极好的陶土产地，包括托斯卡纳和维琴察地区的天然陶土。之后，吉诺里伯爵又作为佛罗伦萨的议会代

图190
中国室，约1775—1780年
佛罗伦萨，皇家小丘庄园
皇家小丘庄园就在佛罗伦萨城门外，里面有许多中国室，是18世纪下半叶托斯卡纳地区最经典的中国风艺术创造，其内墙贴有中国外销墙纸画。

表拜见哈布斯堡的玛丽亚·特蕾莎，并在维也纳居住了一段时间。吉诺里在维也纳的游历对其家族的发展至关重要，伯爵由此得以在迪帕基耶陶瓷厂学习相关技艺，并招揽制陶艺人。其中最重要的艺人便是卡尔·齐恩菲尔德，他是维也纳的制陶大师，并且熟知梅森工厂的传统工艺，他在 1738 年到 1746 年间在吉诺里工厂工作，为工厂的发展起到了关键性的作用。和欧洲其他陶瓷工厂一样，吉诺里工厂也深受中国外销瓷的影响，经历复制、临仿和西化一系列过程，最后其造型和装饰风格体现了其自身的风貌，很难再说是直接照搬自远东进口瓷器。

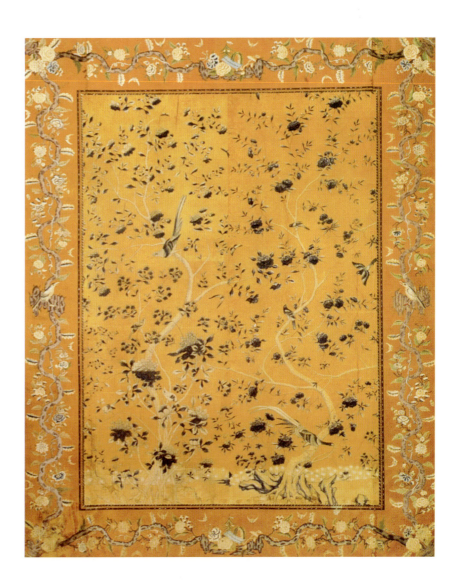

图191
威克瑞斯和萨勒，中国装饰，约1775—1780年，佛罗伦萨，皇家小丘庄园
威克瑞斯和萨勒是专门从事中国风设计的艺人。门上方的绘画是为配合内墙上贴的中国外销墙纸所营造的中国风氛围而专门设计的。

图192 ◀

椭圆阁，1983年，佛罗伦萨皮蒂宫，皇家别院

生命之树这类图案取材于中国和印度进口的艺术品，是欧洲最为流行的一种远东设计图案。

图193 ▲

盘子，塞斯托，吉诺里陶瓷厂生产，1750—1755年，罗马詹保罗·卢卡斯收藏

盘子上的纹饰显然受到了中国瓷器的影响。首先在用色上，蓝、红、金的基调，被认为是所谓的"有田烧"式样，18世纪早期，中国外销瓷也有这种用色。盘子上的图案则是欧洲艺人自由想象设计的中国风场景。

热内亚共和国

　　热内亚地区的艺术受洛可可风尚的影响较小。崇尚和谐与典雅的新古典主义则在斯皮诺拉宫中得到完美体现。在 1700 年到 1778 年间，克里斯托福罗·斯皮诺拉下令对该宫殿进行整修。他时任热内亚共和国驻法大使，并且也是阿尔巴尼亚杜拉斯市的代理人。为了使宫殿的内部如同法式风格那般精致，斯皮诺拉甚至派遣建筑家安德烈·塔利亚费齐于 1774 年前往巴黎学习。塔利亚费齐最成功的设计便是斯皮诺拉宫殿中那极具魅力的中国室。该厅堂的设计趋于对称与平衡，虽然这种风格在内饰装潢中已经出现了一段时间，

图194

安德烈·塔利亚费齐，中国室天花板装饰，约1775年，热内亚斯皮诺拉宫

塔利亚费齐在这里使用了法国新古典主义构图，虽然上面的远东纹饰体现了异域风情。

但还没有像这间中国室这样彻底与过去的设计决裂 [图194]。虽然东方题材是洛可可风格的基本特征，但是在这里，这类题材被用于体现一种新型的装饰美学理念。各种图案要素被精心地排布，东方的人物与园林图案由于这种对称的布局，显得典雅庄重。瓶花、珍禽、藤蔓和中国人的房屋，根据规则的几何图形排列，成为意大利新古典主义中国风的完美典范。

虽然只有少数热内亚制作的漆器制品被保留到现在，但在 18 世纪，漆器装饰确实在该城市极为流行。热内亚漆器的一大特色便是其涂层是由泥灰和明胶混合而成，然后在上面涂上漆料 [图195]。在用色方面，通常使用变化微妙的象牙灰、浅绿和粉红，属于法国巴洛克晚期的样式。

18 世纪晚期，热内亚的远东题材布料生产情况相对完整地被文献记录了下来，虽然其源头要大大早于 18 世纪。远东的布帛又被称为 "Mezzari"，早在 16 世纪就被进口到热内亚。其中大多数的布料是印度生产的，通过葡萄牙和威尼斯的商队沿海上丝绸之路传入。17 世纪，欧亚之间的交往越来越频繁，亚洲的布料开始在欧洲普及。在热内亚，用于制作衣服和装饰家居的亚洲布料非常普遍。1690 年，吉奥·巴蒂斯塔·乔吉斯受到以前设业在马赛的亚美尼亚老乡们的启发，在热内亚开设了布厂，生产色彩亮丽的印染布料，并且宣称其质量堪比波斯布料。到了 18 世纪，由于他开的先河，热内亚陆续开设了多家布厂，希望能够在收入丰厚的市场上分一杯羹。之前当地的布料市场长期被远东进口布料及欧洲其他地区仿制的远东布料所垄断。1730 年左右，热内亚的妇女们流行穿戴棉纺的印度式纱巾。在进口的纱巾大获成功后不久，当地的布厂主就开始设法生产印有远东图案的布料。热内亚典型的装饰图案便是在中间设计一棵生命树，周围排布花鸟，四边再加上各种纹饰 [图196]。这种设计来源于 16 世纪印度生产的印染花布（palampore），这种布料主要针对欧洲市场，一直流行到 19 世纪。这种纹饰设计也被中国艺人用来装饰外销的艺术品，如墙纸画和墙布画等。对于这种设计的源流考证争议，本文不再烦絮，热内亚生产的布料有一些确实体现了中国风的装饰倾向。

图195

欧式半桌，热内亚制作

18世纪中后期，私人收藏

这件家具无论是造型、色调还是
装饰题材，都受到了法国巴洛克
晚期风格的影响。

图196
棉纺印染花布,热内亚斯佩
齐工厂(传),18世纪晚期,
私人收藏
这块花布可能是18世纪晚
期热内亚生产的,其花边来
源于中国风艺术。

哈布斯堡的伦巴第

　　1750 年到 1775 年间,中国风在米兰及整个伦巴第地区大为盛行,这几乎与哈布斯堡的玛丽亚·特蕾莎在维也纳推行中国风的时间平行。玛丽亚·特蕾莎的儿子费迪南大公与摩德纳公国(米兰隶属该国)的继承人玛丽亚·埃斯特在 1770 年 10 月共结连理,其婚庆引领了东方风潮。四年之后,朱塞佩·帕里尼把当时的情景给记录了下来:

　　在举办婚庆的花园中央摆放有一张巨大的桌子,分为三部分,足以招待 450 人。花园平面的上方是帕尔特式(parterre)园景,采用了中国式样,显得绮丽盎然。参与庆典的游行队伍花枝招展,每个人都穿着中国式样的服装,充满了梦幻的异国情调。贵族们更是穿得极为华美，别具一格。游行队伍的移动背景是用黄金和白珐琅装饰的舞台场景绘画。花车顶有中国人像手持珍禽，而在下方则摆放着插有宽叶的花瓶，花瓶的两边是手持华盖与羽扇、载笑载言的中国人像。花瓶的下方则是站在宝座上、点头微笑的中国神像，其身后有巨大的绿金相间的华盖。神像由四个人像簇拥，手持各类花伞和羽毛。前面还有一个造型惊奇的中国人像。拉着花车的 8 匹骏马的头上装有羽毛制作的小伞。

大约在同一时期，建筑家和装饰艺人朱塞佩·莱瓦蒂创作了四幅东方题材的椭圆形绘画 [图197]。这些设计在一张由费迪南大公向家具设计师朱塞佩·马焦利尼定制的桌子上得到体现。这张桌子是大公送给母亲玛丽亚·特蕾莎的礼物，于 1773 年完成。这件名器现藏于维也纳的联邦古家具博物馆（Bundessammlung Alter Stilmöbel）。马焦利尼使用了非常考究的镶嵌技术，把不同的木材做成不规则图形的框纹，用来区分红木板上的各类场景图案。虽然莱瓦蒂的设计取材于华托、布歇和毕伊芒，但他显然为了配合马焦利尼的制作风格而做出了改进。马焦利尼当时正努力在华丽的洛可可风格与端庄的新古典主义之间寻找一种美学平衡。

两幅被传为安德烈·阿皮亚尼所做的中国装饰图（取材于 1709 年华托为缪德宫所做的设计）显然也是为内嵌木板设计的 [图198]。两幅图的边纹与由马焦利尼制作、阿皮亚尼用中国风装饰的柜子类似 [图199]。这个柜子的样式与维也纳的那张桌子类似，同样制作于 1773 年，其做工精湛，由亮铜装饰，在桌腿处有被藤蔓簇拥的中国男女人像。

18 世纪 60 年代，伦巴第那些致力于创作中国风艺术的艺术家们后来成了古典主义复兴的主力军。虽然古典主义开始盛行，但是中国风在装饰艺术式微的 18 世纪末仍有很强的生命力，仍受到艺人们的青睐。

1811 年，一本名为《奇尼塞罗的席尔瓦庄园》（*Descrizione della villa Silva in Cinisello*）的书在蒙扎市出版，书中描述力席尔瓦伯爵

图197
朱塞佩·莱瓦蒂, 中国风绘画四幅, 约1770年
米兰斯福尔扎城堡乐器与应用艺术博物馆
椭圆形的构图暗示了莱瓦蒂是为马焦利尼的木桌设计而创作的。

图198
安德烈·阿皮亚尼, 中国装饰图两幅, 约1770年
米兰斯福尔扎城堡乐器与应用艺术博物馆
这两幅中国装饰图是由当时极为年轻的阿
皮亚尼设计的。马焦利尼在制作一张半桌
的时候采用了这两幅图案。

图199
朱塞佩·马焦利尼，欧式半桌，
约1773年，米兰斯福尔扎城堡
乐器与应用艺术博物馆
这里的中国风采用了简约设
计，用来制作多层木条镶嵌纹
饰极为合适。

图200
沙发, 米兰制造, 18世纪晚期, 私人收藏
这件家具来自奇尼塞罗的席尔瓦府邸, 这件作品与众不同的形式属于新古典主
义, 通过"异国情调"得到加强。

在奇尼塞罗的府邸中有五间中国风格的房间。席尔瓦伯爵曾请莱瓦
蒂为他设计装潢, 由画家卡洛·卡恰尼佳和阿戈斯缇诺·杰力完成。
杰力本来对中国风非常反感, 然而在这项艺术任务中他却冰释前嫌,
很好地完成了远东题材绘画。席尔瓦伯爵和费迪南大公一样喜欢在
国外游历, 当他1787年回到领地的时候, 便下令把府邸部分整修
成中国式样。建筑的内饰和花园被翻新, 不过其建筑结构得到保留。
可惜的是, 内墙上的装饰没有保存下来, 不过还是有一些曾在中国
室里面摆放的家具得以幸免 [图200、图201]。
　　中国风是17世纪晚期到18世纪哈布斯堡统治下的伦巴第地区
的陶瓷厂最受欢迎的题材。一套可以断代为18世纪70年代晚期的
由费雷迪（Ferretti）工厂生产的大盘子上面有各种远东图案, 毫无
疑问是出自名画家之手 [图202]。由于这些场景绘画取材多样、设计

灵活，已经很难追溯其具体的图示范本，但这无疑是中国风文化盛
行的产物。毕伊芒的后期中国风设计就开始显现古典主义倾向，并
且对莱瓦蒂产生了影响。

　　米兰的珂乐瑞奇（Felice Clerici）和鲁巴提（Pasquale Rubati）
两家陶瓷工厂所采用的远东纹饰可以根据是否直接取材于中国原产
艺术品或欧洲中国风艺术品做划分 [图203—图205]。珂乐瑞奇和鲁巴提
在 18 世纪早期曾大量生产中国外销瓷仿品。同时，这两家工厂也生
产了采用法式中国风的装饰品。工厂的工人们经常阅读来自巴黎、
奥格斯堡和巴萨诺的图案版画，而这些图纸基本也是取材于马丁·恩
格尔布雷希特、毕伊芒和雷蒙迪尼的设计。当然，这两家工厂也自
创了一些中国风题材作品，体现了米兰地区的中国风发展情况。这
些原创图案中最典型的代表就是"宝塔纹饰"（della pagoda），有时
也被称作"卡拉比涅雷"（carabiniere）。虽然在造型和色调上，这
些图案与中国的接近，但是其画风更加"密集""明锐"和"流畅"，
显示出欧洲画家们对远东题材的提炼。

图201
桌子，米兰制造，18世纪晚期，
私人收藏
这件家具来自奇尼塞罗的席尔
瓦府邸，与英国白金汉宫内收
藏的一张桌子非常类似。白
金汉宫的桌子约制作于1780
年，但其来源已不可考。

图202 ▲

盘子，洛迪，约1770—1780年，
米兰斯福尔扎城堡乐器与应用
艺术博物馆

这件器皿是18世纪晚期在洛迪
的陶瓷厂工作的一位优秀的装
饰艺人制作的陶瓷套件之一，
其做工精湛，特别是中间的画
作，效果简直和水彩画一样。

图203 ▶

盘子，米兰，珂乐瑞奇工厂制造，
约1760—1780年，私人收藏

盘子上的芍药和樱花的画法几乎
和18世纪中期中国外销瓷器上
的一模一样。

图204

盘子，米兰制造，1775—1780年，米兰斯福尔扎城堡乐与应用艺术博物馆

虽然有一些变化，但就整体而言，这是一件对18世纪中国外销瓷的仿作。

图205

盘子，米兰制造，1775—1780年，米兰斯福尔扎城堡乐与应用艺术博物馆

这种装饰图案被称为"宝塔纹饰"，是珂乐瑞奇和鲁巴提两大工厂最具标志性的中国风设计。

参考文献

中国风综合读物

- Belevitch-Stankevitch H., *Le goût chinois en France au temps de Louis XIV*, Paris 1910.

  China und Europa. Chinaverständnis und Chinamode im 17. und 18. Jahrhundert, exhibition catalogue, Berlin 1973.

  Chinese Whispers: Chinoiserie in Britain 1650—1930, exhibition catalogue, Brighton 2008.

- Cordier H., *La Chine en France au XVIIIe siècle*, Paris 1910.

- Guérin J. (ed.), *La Chinoiserie en Europe au XVIIIe siècle: Tapisseries, meubles, bronzes d'ameublement, céramiques, peintures et dessins exposés au Musée des Arts décoratifs*, Paris 1911.

- Gruber A., *Chinoiserie. Un style ornamental dans les arts textiles du XVIe-XIXe siècle*, exhibition catalogue, Bern 1984.

- Honour H., *Chinoiserie. The Vision of Cathay*, London 1961.

- Impey O., *Chinoiserie. The Impact of Oriental styles on Western Art and decoration*, Oxford 1971.

- Jacobson D., *Chinoiserie*, London 1993.

- Jarry M., *Chinoiseries. Le rayonnement du goût chinois sur les arts décoratifs des XVIIe et XVIIIe siècles*, Fribourg 1981.

- Lach D.F., *Asia and the making of Europe*, 2 volls., Chicago 1970.

- Lee T.H.C., *China and Europe. Images and influences in sixteenth to eighteenth centuries*, Hong Kong 1991.

- Morena F., *Chinoiserie. The Evolution of the Oriental Style in Italy from the 14th to the 19th Century*, Florence 2009.

- *Pagodes et dragons. Exotisme et fantaisie dans l'Europe rococo 1720—1770*, exhibition catalogue, Paris 2007.

- Wittkower R., *Selected Lectures of Rudolph Wittkower: The Impact of non-European Civilizations on the Art of the West*, edited by D.M. Reynolds, Cambridge 1989.

- Yamada C., *Die Chinamode des Spätbarock*, Berlin 1935.

中国风分类读物

- Conner P., *Oriental architecture in the West*, London 1979.

- Finlay R., *The pilgrim art. Cultures of porcelain in world history*, Berkeley 2010.

- Huth H., *Lacquer of the West. The History of a craft and an Industry 1550—1950*, Chicago and London 1971.

- Jackson A., Jaffer A. (eds.), *Encounters. The Meeting of Asia and Europe 1500—1800*, exhibition catalogue, London 2004.

- Jolly A. (ed.), *A taste for the Exotic: Foreign Influences on Early Eighteenth-Century Silk Designs*, Riggisberg 2007.

- Kopplin M., *European Lacquer. Selected Works from the Museum für Lackkunst Münster*, Munich 2010.

- Welik D. (ed.), *China in Schloss und Garten. Chinoise Architekturen und Innenräume*, Dresden 2010.

15世纪以前的中国和欧洲

- Bertuccioli G., Masini F., *Italia e Cina*, Bari 1996.

- Blunt C.G.E., *Venetian Fabrics*, Leigh-on-sea 1959.

- Blunt C.G.E. , *Sicilian and Lucchese Fabrics*, Leigh-on-sea 1961.

- Boothroyd N., Détrie M., *Le voyage en Chine. Anthologie des voyageurs occidentaux du Moyen Âge à la chute de l'empire chinois*, Paris 1992.

- Bussagli M., *La seta in Italia*, Rome 1986.

- A. Cecchi (ed.), *Simone Martini e l'Annunciazione degli Uffizi*, Cinisello Balsamo 2001.

- Frugoni C. (ed.), *Pietro e Ambrogio Lorenzetti*, Florence 2002.

- Hill J.E., *Through the Jade Gate to Rome. A Study of the Silk Routes during the Later Han Dynasty, 1st to 2nd Centuries CE*, Charleston (South Carolina) 2009.

- Kadoi Y., *Islamic Chinoiserie. The art of Mongol Iran*, Edinburgh 2009.

- Klesse B., *Seidenstoffe in der italienischen Malarei des 14. Jahrhunderts*, Bern 1967.

- Krása J., *The Travels of Sir John Mandeville*, New York 1983.

- Leslie D.D., Gardiner K.H.J., *The Roman Empire in Chinese sources*, Rome 1996.

- Lucidi M.T. (ed.), *La seta e la sua via*, exhibition catalogue, Rome 1994.

- Monnas L., *The Impact of Oriental Silks on Italian Silk Weaving in the Fourteenth Century*, in L.E. Saurma-Jeltsch and A. Eisenbeiß (eds.), *The Power of Things and the Flow of Cultural Transformations*, Munchen 2010, pp. 65—83.

- F. Morena, *Early Chinoiserie. China as Source of Inspiration in Italian Art from the 13th to the 16th century*, in Lu Peng (ed.), *The Dimension of Civilization*, Shanghai 2014, pp. 57—60.

- Odorico da Pordenone, *Relazione del viaggio in Oriente e in Cina (1314?-1330)*, Pordenone 1982.

- Rispoli Fabris A. , *L'arte della lacca*, Milan 1974.

- Santangelo A., *Tessuti d'arte italiani dal XII al XVIII secolo*, Milan 1959.

- Simmons P., *Chinese Patterned Silks*, New York 1948.

- Tanaka H., *Giotto and the Influences of the Mongols and the Chinese on his Art*, in "Art History", 6, 1984, pp. 1—15.

- Tanaka H., *Fourteen Century Sienese Paintings and Mongolian and Chinese influences. The Analysis of Simone Martini's Works and Ambrogio Lorenzetti's major works*, in "Art History", 7, 1985, pp. 1—57.

- *Le vie della seta e Venezia*, Rome 1990.

- Whitehouse D., *Chinese Porcelain from Lucera Castle*, in "Faenza", LII, 1966, IV-VI, pp. 90—93.

- Zorzi A. (ed.), *Marco Polo. Venezia e l'Oriente*, Milan 1981.

16—17世纪欧洲的异国风情

- Alverà Bortolotto A., *Storia della ceramica a Venezia dagli albori alla fine della Repubblica*, Florence 1981.

- Baarsen R., *Kistjes van Kick? Hollands lakwerk uit de vroege 17de eeuw*, in "Billetin van het Rijksmuseum", 56, 2008, ½, pp. 12—27.

- Boogaart E. van den, *Civil and Corrupt Asia: Image and Text in the 'Itinerario' and the 'Icones' of Jan Huygen van Linschoten*, Chicago 2003.

- Cartari V., *Immagini delli Dei de gl'Antichi*, Milan 2004.

- Clarke T.H., *Lattimo. A Group of Venetian Glass Enamelled on an Opaque-White Ground*, in "Journal of Glass Studies", XVI, 1974, pp. 22—56.

- Cora G., Fanfani A., *La porcellana dei Medici*, Florence 1986.

- Eeghen I.H. van, *Arnoldus Montanus's Book on Japan*, in "Quaerendo", 2, 1972, pp. 250—272

- Findlen P. (ed.), *Athanasius Kircher. The Last Man Who Knew Everything*, New York and London 2004.

- Galli L. and Mazzotta M. (eds.), *Wunderkammer. Arte, Natura, Meraviglia ieri e oggi*, exhibition catalogue, Milan 2013.

- Hesselink R.H., *Memorable Embassies: The Secret History of Arnoldus Montanus'* Atlas Japannensis, in "Quaerendo", 32, 2002, 1, pp. 99—123.

- Lightbown R.W., *Oriental Art and the Orient in Late Renaissance and Baroque Italy*, in "Journal of the Warburg and Courtald Institutes", XXXII, 1969, pp. 228—279.

- Lo Sardo E. (ed.), *Athanasius Kircher. Il Museo del Mondo*, exhibiion catalogue, Rome 2001.

- *Oriental Influence on 17th Century Portuguese Ceramics*, exhibition catalogue (Lisbon), Milan 1994.

- Mignini F. (ed.), *Padre Matteo Ricci. L'Europa alla corte dei Ming*, exhibition catalogue (Rome), Milan 2005.

- Morena F., *Chinoiserie and printed sources. Seventeenth century Dutch illustrated volumes on the Far East and their reception in European art*, (forthcoming).

- Schlosser J. Von, *Die Kunst- und Wunderkammern der Spätrenaissance*, Leipzig 1908.

- Schmidt B., *Inventing Exoticism. The Project of Dutch Geography and the Marketing of the World, circa 1700*, in P.H. Smith and P. Findlen (eds.), *Merchants & Marvels. Commerce, Science, and Art in Early Modern Europe*, New York-London 2002, pp. 347—369.

- Ulrichs F., *Johan Nieuhof's and Olfert Dapper's Travel Accounts as Sources for European Chinoiserie*, in Jolly A. (ed.), *A taste for the Exotic: Foreign Influences on Early Eighteenth-Century Silk Designs*, Riggisberg 2007, pp. 45—56.

法兰西

- *Emperor Kangxi and the Sun King Louis XIV: Sino-Franco Encounters in Art and Culture*, exhibition catalogue, Taipei 2011.

- *From Beijing to Versailles. Artists and Relations between China and France*, exhibition catalogue, Hong Kong 1997.

- Eidelberg M., Gopin S.A., *Watteau's chinoiseries at La Muette*, in "Gazette des Beaux-Arts", CXXX, 1997, 1542—1543, pp. 19—46.

- *François Boucher, 1703—1770*, exhibition catalogue, Paris 1986.

- Miller S., *Jean-Antoine Fraisse, "Gravé par Huquier"*, in "Metropolitan Museum Journal", 31, 1996, pp. 127—130.

- Miller S., *Images of Asia in French Luxury Goods. Jean-Antoine Fraisse at Chantilly, c. 1729—36*, in "Apollo", CLIV, 2001, 477, pp. 3—12.

- Pradère A., *Les ébénistes français de Louis XIV à la révolution*, Paris 1989.

- Scott K., *Playing games with otherness. Watteau's Chinoiserie cabinet at the Château de la Muette*, in "Journal of the Warburg and Courtauld Institutes", 66, 2003, pp. 189—247.

- Stein P., *Boucher's chinoiserie: some new sources*, in "The Burlington Magazine", CXXXVIII, 1996, 1122, pp. 598—604.

- Wolvesperges T., *The Royal Lacquer Workshop at the Gobelins, 1713—1757*, in "Studies in the Decorative Arts", 2, 1995, 2, pp. 55—76.

- Wolvesperger T., *Le meuble français en laque au XVIIIe siècle*, Brussels and Paris 2000.

英格兰

- Adams E., Redstone D., *Bow porcelain*, London 1981.

- Alcock N.W., Galinou M., *The Beake House revealed. The history of a Dutch merchant's house, 32 Botolph Lane, London*, in London topographical record, 29, 2006, 165, pp. 73—75.

- Avcioğlu N., *Turquerie and the politics of representation*, Farnham 2011.

- *Chinese Whispers: Chinoiserie in Britain 1650—1930*, exhibition catalogue, Brighton 2008.

- Craig R.M., *Claydon House, Buckinghamshire. A mirror of mid-eighteenth-century English taste*, in "Southeastern College Art Conference review", 12, 1992, 2, pp. 69—79.

- *Das Ornamentwerk des Daniel Marot in 264 Lichtdrucken nacgebildet*, Berlin 1892.

- G. Elliott, *John and David Elers*, London 1998.

- Espir H., *European Decoration on Oriental Porcelain. 1700—1830*, London 2005.

- Galbraith L., *Garrick's furniture at Hampton*, in "Apollo", 96, 1972, 125, pp. 46—55.

- Ganz J., *A City artist: Robert Robinson*, in Galinou M. (ed.), *City merchants and the arts, 1670—1720*, London 2004.

- Jackson-Stops G., *Sharawadgi rediscovered. The Chinese house at Stowe*, in "Apollo", 137, 1993, 374, pp. 217—222.

- Knox T., Raikes S., *Nostell Priory*, Warrington 2001.

- Loske A., *Inspiration, Appropriation, Creation: Sources of Chinoiserie Imagery, Colour Schemes and Designs in the Royal Pavilion, Brighton (1802—1823)*, in Lu Peng (ed.), *The Dimension of Civilization*, Shanghai 2014, pp. 323—352.

- Liu Y., *Seeds of a Different Eden. Chinese Gardening Ideas and a New English Aesthetic Ideal*, Columbia 2008.

- Morley J., *The Making of the Royal Pavilion*, London 1984.

- Porter D., *The Chinese Taste in Eighteenth-Century England*, Cambridge 2014.

- Ray D., *The History of the Royal Botanic Gardens, Kew*, London 2007 (2nd edition).

- Ribeiro A., *The dress worn at masquerades in England, 1730 to 1790, and its relation to fancy dress in portraiture*, New York 1984.

- Robinson J.M., *Shugborough*, London 1989.

- Robinson J.M., *Temples of delight. Stowe landscape garden*, London 1990.

- Sloboda S., *Chinoiserie: Commerce and Critical Ornament in Eighteenth-Century Britain*, Mancester 2014.

- R.W. Symonds, *Giles Grendey (1693—1780) and the Export Trade of English Furniture to Spain*, in "Apollo", 21, 1935, pp. 337—342.

- Toppin A.J., *The China trade and some London chinamen*, in Transactions of the English ceramic circle, 1.3, 1935, pp. 35—57.

尼德兰和丹麦

- Boesen G., *'Chinese' Rooms at Rosenborg Castle*, in "The Connoisseur", 200, 1979, 803, pp. 34—39.

- Clemmensen T., Mackeprang M.B., *Kina og Danmark 1600—1950. Kinafart og Kinamode*, Copenhagen 1980.

- De Jonge C.H., *Delfter Keramik*, Tübingen 1969.

- Espir H., *European Decoration on Oriental Porcelain. 1700—1830*, London 2005.

- Gordon-Smith M., *The Influence of Jean Pillement on French and English Decorative Arts. Part One*, in "Artibus et historiae, an art anthology", 41 (XXI), 2000, pp. 171—196.

- Gordon-Smith M., *The Influence of Jean Pillement on French and English Decorative Arts. Part Two: Rappresentative Fields of Influence*, in "Artibus et historiae, an art anthology", 42 (XXI), 2000, pp. 119—163.

- Murdoch T., *Les cabinets de porcelaine*, in *Dragons et Pagodes: exotisme et fantaisie dans l'Europe rococo 1720—1770*, exhibition catalogue, Paris 2007, pp. 42—49.

- S. Van Raay (ed.), *Imitation and Inspiration. Japanese Influence on Dutch Art*, Amsterdam 1989.

- Van Rappard-Boon Ch., *Imitation and Inspiration. Japanese Influence on Dutch Art from 1650 to the Present*, exhibition catalogue, Amsterdam 1992.

德意志

- Cassidy-Geiger M., *Graphic Sources for Meissen Porcelain: Origins of the Print Collection in the Meissen Archives*, in "Metropolitan Museum Journal", 31, 1996, pp. 99—126.

- Den Blaauwen A.L., *Keramik mit chinoiserien nach stichen von Petrus Schenk Jun.*, in "Keramos", 31, 1966, 66, pp. 2—18.

- Fontein J., Den Blaauwen A.L., *"Pictura sinica ac surattenae" von Petrus Schenk sr*, in "Keramos", 31, 1966, pp. 29—40.

- Gordon-Smith M., *Jean Pillement at the Court of King Stanislaw August of Poland (1765—1767)*, in "Artibus et historiae, an anthology", 52 (XXVI), 2005, pp. 129—163.

- Götz E., *The Pagodenburg in the Park of Nymphenburg Palace*, in Jolly A. (ed.), *A taste for the Exotic: Foreign Influences on Early Eighteenth-Century Silk Designs*, Riggisberg 2007, pp. 175—186.

- Grimm U., *Favorite, a Rare Place Exuding the Spirit of an Age When* Chinoiserie *Reigned Supreme*, in Jolly A. (ed.), *A taste for the Exotic: Foreign Influences on Early Eighteenth-Century Silk Designs*, Riggisberg 2007, pp. 45—56.

- Hansmann W., *Die Schlösser in Augustusburg un Falkenlust in Brühl*, 2 vols., Worms 2002.

- Eikelmann R. (ed.), *Die Wittelsbacher und das Reich der Mitte*, exhibition catalogue, Munchen 2009.

- Kiby U., *Die Exotismen des Kurfürsten Max Emanuel in Nymphenburg: Eine kunst- und kulturhistorische Studie zum Phänomen von Chinoiserie und Orientalismus in Bayern und Europa*, Olms 1990.

- Kopplin M., *chinois. Dresdener Lackkunst in Schloß Wilanów*, Münster 2005.

- *I modelli di Meissen per le cineserie Höroldt*, 2 vols., Florence 1981.

- Schwarm E., *Tapestries in the Indian Style: Remarks on the Chinoiserie Interior of the Holländisches Palais at Dresden*, in Jolly A. (ed.), *A taste for the Exotic: Foreign Influences on Early Eighteenth-Century Silk Designs*, Riggisberg 2007, pp. 91—104.

- Toman R. (ed.), *Postdam*, Postdam 2013.

- Ulrichs F., *Johan Nieuhof's and Olfert Dapper's Travel Accounts as Sources for European Chinoiserie*, in Jolly A. (ed.), *A taste for the Exotic: Foreign Influences on Early Eighteenth-Century Silk Designs*, Riggisberg 2007, pp. 45—56.

维也纳和奥地利帝国

- Fajcsák G., *Kinaiak, mongolok, mandzsuk Eszterházán. Az Esterházy-kastély hercegi lakosztályának lakk-kabinetje*, Budapest 2007.

- Gordon-Smith M., *Jean Pillement at the Imperial Court of Maria Theresa and Francis I in Vienna (1763- to 1765)*, in "Artibus et historiae, an art anthology", XXV, 2004, 50, pp. 187—213.

- Kräftner J. (ed.), *Baroque Luxury Porcelain. The Manufactories of Du Paquier in Vienna and of Carlo Ginori in Florence*, exhibition catalogue, Vienna 2005.

- Völker A., *An Indian Chinoiserie from an Austrian Palace: Textile furnishings for Prince Eugene's state bedroom in Schloss Hof*, in Kräftner J. (ed.), *Baroque Luxury Porcelain. The Manufactories of Du Paquier in Vienna and of Carlo Ginori in Florence*, exhibition catalogue, Vienna 2005, pp. 53—63.

- Williams H., *Turquerie. An Eighteenth-Century European Fantasy*, London 2014.

- Yonan M., *Veneers of authority. Chinese lacquers in Maria Theresa's Vienna*, in "Eighteenth-century studies", 37, 2004, 4, pp. 652—672.

- Yonan M., *Empress Maria Theresa and the Politics of Habsburg Imperial Art*, Pennsylvania 2011.

俄罗斯，沙皇的帝国

- A. Buccaro, G. Kjučarianc, P. Miltenov, *Antonio Rinaldi architetto vanvitelliano a San Pietroburgo*, Milan 2003.

- Kopplin M., *Russische Lackkunst von Peter dem Großen bis zur Großen Revolution*, exhibition catalogue, Münster 2002.

- Ukhanova I.N., *G. Brumkorst – Peterburgskii master lakavogo dela (iz istorii "lakirnogo" iskusstva v Rossii pervoi chetverti XVIII veka)*, in *Kul'tura i iskusstvo petrovsgogo vremeni*, Leningrad 1977, pp. 174—182.

西班牙及其殖民地

- M. P. Aguiló, *Via Orientalis 1500—1900. La repercusión del arte del Extremo Oriente en España en mobiliario y decoración*, in M. Cabañas Bravo, *El arte foráneo en España: presencia e influencia*. Madrid 2005, pp. 525—538.

- Cerrada Clemente M.D., Sánchez Hernández M.L., *El Gabinete de Porcelana de Madrid*, in "Antologia di Belle Arti. Studi sul Settecento", N.S., 1998, 55—58, pp. 86—93.

- Curiel G., Navarrete B., Leroy I., *Viento detenido, mitologías e historias en el arte del biombo*, exhibition catalogue, Mexico City 1999.

- Kjellberg P., *El palacio Real de Madrid*, in "Connaissance des arts", 310, 1977, pp. 68—77.

- Kuwayama G., *Chinese ceramics in colonial Mexico*, Los Angeles 1997.

- *Oriente en Palacio. Tesoros asiáticos en las colecciones reales españolas*, exhibition catalogue, Madrid 2003.

- Teresa Castelló T., Martínez M.J, *Biombos mexicanos*, Mexico City 1970.

意大利

- Catello E., *Cineserie e turcherie nel 700 napoletano*, Naples 1992.

- Caterina L., Mossetti C. (eds.), *Villa della Regina. Il riflesso dell'Oriente nel Piemonte del Settecento*, Turin 2005.

- Cirillo G., *Ennemond Alexandre Petitot. Lyon 1727, 1801 Parma*, Parma 2002.

- Colle E., *Il mobile barocco in Italia. Arredi e decorazioni d'interni dal 1600 al 1738*, Milan 2000.

- Colle E., *Il mobile rococò in Italia. Arredi e decorazioni d'interni dal 1738 al 1775*, Milan 2003.

- Colle E., *Il mobile neoclassico in Italia. Arredi e decorazioni d'interni dal 1775 al 1800*, Milan 2005.

- González-Palacios A., *Il tempio del gusto. Le arti decorative in Italia fra classicismi e barocco. Roma e il Regno delle due Sicilie*, 2 vols, Milan 1984.

- González-Palacios A., *Il tempio del gusto. Le arti decorative in Italia fra classicismi e barocco. Il granducato di toscana e gli stati settentrionali*, 2 vols, Milan 1986.

- Maccioni P., *Il Ritiro di Lilliano*, in M. Gregori (ed.), *Fasto di corte: la decorazione murale nelle residenze dei Medici e dei Lorena*, vol. III: *L'età di Cosimo III de' Medici e la fine della dinastia (1670—1743)*, Florence 2007, pp. 162—175.

- Melegati L., *Giovanni Vezzi e le sue porcellane*, Milan 1998.

- Morena F., *Sur les traces de la chinoiserie italienne du XVIIIe siècle*, in *Pagodes et dragons. Exotisme et fantaisie dans l'Europe rococo 1720—1770*, exhibition catalogue, Paris 2007, pp. 63—70.

- Morena F., *Chinoiserie. The Evolution of the Oriental Style in Italy from the 14th to the 19th Century*, Florence 2009.

- Pacia A., *Esotismo decorativo a Roma fra tradizione rococò e gusto neoclassico*, in "Studi sul Settecento Romano. Temi di decorazione. Dalla cultura dell'artificio alla poetica della natura", Rome 1990, pp. 91—156.

- Pallazzotto P., *Riflessi del gusto per la cineseria e gli esotismi a Palermo tra Rococò e Neoclassico: collezionismo, apparati decorativi e architettura*, in Grasso S. e Gulisano M.C. (eds.), *Argenti e cultura rococò nella Sicilia centro occidentale 1735—1789*, exhibition catalogue, Palermo 2008, pp. 535—561.

- Venturelli P., *Cineserie: il nuovo esotismo europeo nella cultura artistica lombarda*, in *Civiltà di Lombardia. La Lombardia delle riforme*, Milan 11987, pp. 271—281.

译名对照表

A

阿德里安·费则罗·德洛姆（Adrien Faizelot Delorme）

阿蒂基耶罗（Altichiero，约1330—1390）

阿尔贝蒂纳（Albertine Agnes van Nassau）

阿尔芒·罗昂（Armand de Rohan，1717—1756）

阿戈斯缇诺·杰力（Agostino Gerli）

阿列克谢·米卡洛维奇（Aleksei Mikhailovich，1629—1676）

阿玛利亚（Amalia van Solms-Braunfels，1602—1675）

阿尼奥洛·布龙齐诺（Agnolo Bronzino，1503—1572）

阿诺尔德斯·蒙塔努斯（Arnoldus Montanus，约1625—1683）

阿塔纳斯·珂雪（Athanasius Kircher，1602—1680）

埃伯哈德四世·路德维希（Eberhard Ludwig，1676—1733 ）

埃尔卡纳·塞特尔（Elkanah Settle，1648—1724）

埃尔科勒·席尔瓦（Ercole Silva，1756—1840）

埃莱奥诺拉·托莱多（Eleonora di Toledo，1522—1562）

埃利亚斯·贝克（Elias Bäck，1669—1747）

埃伦弗里德·瓦尔特（Ehrenfried Walther von Tschirnhaus，1651—1708）

埃欧桑德（Johann Friedrich Eosander von Göthe）

埃什泰尔哈齐（Esterházy）

埃提恩尼·朱拉（Étienne Jeaurat，1699—1789）

埃提恩尼-西蒙·马丁（Étienne-Simon Martin，1703—1770）

艾哈迈德一世（I.Ahmet，1590—1617）

艾勒斯兄弟（David and John Philip Elers）

爱德华·奥克利（Edward Oakley）

爱德华·卡尔顿（Edward Carlton）

安布罗焦·洛伦采蒂（Ambrogio Lorenzetti，1290—1348）

安布罗斯·马雷查尔（Ambrose Maréchal，1764—1828）

安达洛·萨维尼翁（Andalò da Savignone）

安德里斯·弗里休斯（Andries Frisius）

安德烈·阿皮亚尼（Andrea Appiani，1754—1817）

安德烈·波卡西尼（Andrea Procaccini，1671—1734）

安德烈·菲伦泽（Andrea da Firenze，1343—1377）

安德烈·勒诺特尔（André Le Nôtre，1613—1700）

安德烈·佩鲁贾（Andrea da Perugia）

安德烈·施吕特（Andreas Schlüter，1664—1714）

安德烈·塔利亚费齐（Andrea Tagliafichi，1729—1811）

安德烈·瓦赫特布伦纳（André Wachtelbrenner）

安德烈·祖奇（Andrea Zucchi，1679—1740）

安东·乌尔里希（Anton Ulrich，1633—1714）

安东尼·沃克（Antony Walker）

安东尼奥·里纳尔迪（Antonio Rinaldi，1709—1794）

安东尼奥·佩列西诺蒂（Antonio Battista Peresinotti）

安东尼奥·若利（Antonio Joli，1700—1777）

安东尼奥·乌尔塔多（Antonio Hurtado）

安吉拉·福尔克尔（Angela Völker）

安妮·玛丽·奥尔良（Anne Maried'Orléans，1669—1728）

安尼巴莱·费尔尼亚尼（Annibale Ferniani，?—1784）

安托万·埃梅里（Antoine d'Emery）

安托万·华托（Antoine Watteau，1684—1721）

安托万·理查德（Antoine Richard）

奥德安三世（Claude Ⅲ Audran，1685—1734）

奥古斯都二世（Augustus Ⅱ，1670—1733）

奥勒·沃尔姆（Ole Worm，1588—1655）

B

巴蒂斯特·莫努瓦耶（Baptiste Monnoyer，1634—1699）

巴多明（Dominique Parrenin，1665—1741）

巴罗齐兄弟（Barozzi brothers）

巴普蒂丝塔·凡·德特库姆（Baptista van Doetecun）

白晋（Joachim Bouvet，1656—1730）

柏郎嘉宾（Giovanni da Pian del Carpine，约1185—1252）

柏培尔曼（Matthäus Daniel Pöppelmann，1662—1737）

拜伦·勒普兰特（Baron Leplant）

保罗·德克尔（Paul Decker）

保罗·拉美瑞（Paul de Lamerie）

保罗·米廖拉蒂（Paolo Migliorati）

C

D

达尼埃洛·巴尔托利（Daniello Bartoli，1608—1685）

大卫·加里克（David Garrick，1717—1779）

丹尼尔·迪福（Daniel Defoe）

丹尼尔·马罗（Daniel Marot，1660—1752）

德布瓦·圣葛莱（Dubois de Saint-Gelais）

迪德里克·达尔文（Diederik Durven）

杜赫德（Jean-Baptiste Du Halde，1674—1743）

多梅尼科·玛丽亚·撒尼（Domennico Maria Sani，1690—1773）

E

达鄂多立克（Odorico da Pordenone，1265—1331）

恩格尔贝特·肯普弗（Engelbert Kaempfer，1651—1716）

F

菲奥多·弗拉索夫（Fiodor Vlasov）

菲利波·博南尼（Filippo Bonanni，1638—1725）

菲利波·尤瓦拉（Filippo Juvarra，1678—1736）

菲利普–尼古拉斯·拉廷（Philippe-Nicolas Lattin，1685—1751）

菲利普二世（Philip II，1527—1598）

菲利普五世（Philip V，1683—1746）

腓特烈·亨利（Frederik Hendrik，1584—1647）

腓特烈大帝（腓特烈二世）（Frederick II，1712—1786）

腓特烈二世（Friedrich II. von Hessen-Kassel，1720—1785）

腓特烈三世（Frederik III，1648—1670）

腓特烈四世（Frederik IV，1671—1730）

腓特烈五世（Friedrich V）

腓特烈一世（普鲁士）（Frederick I of Prussia，1657—1713）

费迪南多·科斯皮（Ferdinando Cospi，1606—1686）

费迪南多六世（Ferdinando VI，1713—1759）

费迪南二世（Ferdinand II，1529—1595）

费伦托·因佩拉托（Ferrante Imperato，1550—1631）

佛朗茨一世（Franz I Stephan，1708—1765）

弗洛鲁斯（Lucius Annaeus Florus，74—130）

佛朗茨（Franz von Schönborn）

佛朗切斯科·彼加洛梯（Francesco Balducci Pegolotti, ？—1347）

佛朗切斯科·卡尔切欧拉里（Francesco Calceolari, 约1521—？）

佛朗切斯科·卡雷里（Francesco Gemelli Careri, 1651—1725）

佛朗切斯科·美第奇（Francesco Maria de'Medici, 1660—1711）

佛朗切斯科·斯莱特（Francesco Slater）

佛朗切斯科一世（Francesco I, 1541—1587）

佛朗索瓦·波特（François de La Porte）

佛朗索瓦·布歇（François Boucher, 1703—1770）

佛朗索瓦·屈维利耶（François de Cuvilliés, 1695—1768）

佛朗西斯·布雷（Francis de Bray）

G

盖·路易·韦尔纳萨（Guy Louis Vernasal, 1648—1729）

哥比安（Charles Le Gobien, 1653—1708）

格里特·詹森（Gerrit Jensen）

格森特（Edmé-François Gersaint）

圭斯卡尔多·巴斯塔里（Guiscardo de'Bastari）

郭弼恩（Charles Le Gobien, 1653—1708）

H

哈罗德（Christian Friedrich Herold, 1700—1779）

海因里希·泰施超（Heinrich Teschau）

汉斯·斯隆（Hans Sloane, 1660—1753）

荷南·科尔蒂斯（Hernán Cortés, 1485—1547）

亨德里克·布朗克霍斯特（Hendrik van Bronkhorst）

亨德里克·科内利斯·弗罗姆（Hendrik Cornelisz Vroom, 1562—1640）

亨利·贝尔坦（Henri Léonard Jean Baptiste Bertin, 1720—1792）

亨利·荷兰（Henry Holland, 1745—1806）

亨利-尼古拉斯·库西内（Henry-Nicolas Cousinet, 1706—1768）

亨利艾特·克里夫（Henriette de Clèves, 1542—1601）

洪若翰（Jean de Fontaney, 1643—1710）

霍勒斯·沃波尔（Horace Walpole, 1717—1797）

J

J·赛德博特姆（J. Sidebotham）

基什内尔（Johann Gottlieb Kirchner，1706—1768）

吉奥·巴蒂斯塔·乔吉斯（Gio Battista De Georgiis）

吉尔斯·格兰迪（Giles Grendey，1698—1780）

吉罗拉莫·吉利（Girolamo Gigli，1660—1722）

吉米尼亚诺·科齐（Geminiano Francesco Antonio Cozzi，1728—1797）

纪尧姆·布歇（Guillaume Boucher）

纪尧姆·马丁（Guillaume Martin，1689—1749）

加布里埃尔·胡奎尔（Gabriel Huquier）

杰拉德·达格利（Gérard Dagly，1660—1715）

杰雷米亚斯·沃尔夫（Jeremias Wolff，1663—1724）

金尼阁（Nicolas Trigault，1577—1628）

K

卡尔·阿尔布雷希特（Karl Albrecht，1697—1745）

卡尔·腓特烈·阿代尔克兰兹（Carl Frederick Adelcrantz，1716—1796）

卡尔·齐恩菲尔德（Carl Wendelin Anreitervon Ziernfeld）

卡罗·阿尔贝托（Carlo Alberto）

卡罗·埃马努埃莱三世（Carlo Emanuele III）

卡洛·戈齐（Carlo Gozzi）

卡洛·吉诺里（Carlo Ginori，1702—1757）

卡洛·卡恰尼佳（Carlo Caccianiga）

卡西米罗·迪亚士（Casimiro Diáz）

凯恩德勒（Johann Joachim Kändler，1706—1775）

康斯坦丁·法尔孔（Constantine Phaulkon，1647—1688）

科比兰德（Henry Copeland，1710—1754）

科尔托纳（Pietroda Cortona）

科洛夫拉伯爵（Franz Karl Liebsteinsky von Kolowrat，1684—1753）

科西莫三世（Cosimo III de'Medici，1642—1723）

克莱门斯·奥古斯特（Clemens August，1700—1761）

克劳德·博达尔（Claude Baudard，1738—1787）

克劳德·吉洛特（Claude Gillot）

克劳德·洛兰（Claude Lorrain，1600—1682）

克劳狄乌斯·迪帕基耶（Claudius Innocentius du Paquier）

克劳狄乌斯·托勒密（Claudius Ptolemy，约90—168）

克里斯蒂安·布拉赫特（Christian van Bracht）

L

路易莎·乌尔丽卡（Louisa Ulrika，1720—1782）

露易丝·亨利艾特（Louise-Henriette，1627—1667）

罗伯特·安茹（Robert d'Anjou，1277—1343）

罗伯特·多茜（Robert Dossie，1717—1777）

罗伯特·汉考克（Robert Hancock）

罗伯特·罗宾逊（Robert Robinson）

罗伯特·马丁（Robert Martin，1706—1765）

罗伯特·萨耶（Robert Sayer，1758—1760）

罗伯特·斯宾塞（Robert Spencer）

罗伯特·图尔尼耶（Robert le Vrac de Tournières，1667—1752）

罗伯特·亚当（Robert Adam，1728—1792）

罗布·米希尔斯（Rob Michiels）

罗兰·温（Rowland Winn）

罗伦佐·皮各诺利亚（Lorenzo Pignoria，1571—1631）

罗伦佐·朱斯托（Lorenzo Giustino）

罗蒙诺索夫（Mikhail Lomonosov）

罗纳德·菲利普（Ronald Phillips）

洛克（Matthias Lock）

M

马蒂亚·加斯帕里尼（Mattia Gasperini）

马蒂亚斯·达利（Mathias Darly）

马蒂亚斯·海穆勒（Matthias Gottlieb Heymüller，1715—1763）

马丁·恩格尔布雷希特（Martin Engelbrecht，1684—1756）

马丁·施内尔（Martin Schnell，1675—1740）

马尔凯蒂父子（Francesco Marchetti，1641—1698；
Giovanni Francesco，1668—1694）

马国贤（Matteo Ripa，1682—1764）

马可·奥雷利奥（Marcus Aurelius，121—180）

马克西米利安二世（Maximilian II Emanuel，1662—1726）

马克西米利安三世（Maximilian III Joseph）

马黎诺里（Giovanni de'Marignolli，1285—1342）

马里诺·贝纳利亚（Marino Benaglia）

马萨林（Mazarin，1602—1661）

马泰斯·霍里克斯（Matthijs Horrix，约1735—1809）

玛丽·蕾捷斯卡（Marie Leszczynska，1703—1768）

玛丽亚·埃斯特（Maria Beatrice Ricciarda d'Este，1750—1829）

玛丽亚·安东尼娅（Maria Antonia von Czobor，1687—1750）

玛丽亚·路易莎（Maria Luisa，1745—1792）

皮埃尔·米容四世（Pierre Ⅳ Migeon, 1696—1758）

皮尔西·布雷德（Piercy Brett）

皮萨涅洛（Pisanello, 约1395—1455）

普罗科皮乌斯（Procopius, 约500—565）

普洛斯佩罗·科隆纳（Prospero Colonna, 1707—1765）

普洛斯佩罗·莫托拉（Prospero Mortola）

普契尼（Giacomo Puccini, 1858—1924）

Q

奇普里安诺·皮库尔帕索（Cipriano Piccolpasso, 1524—1579）

乔安·纽霍夫（Jan Nieuhof, 1618—1672）

乔凡尼·安东尼奥·卡纳莱托（Giovanni Antonio Canaletto, 1697—1768）

乔瓦尼·保罗·潘尼尼（Giovanni Paolo Pannini, 1691—1765）

乔瓦尼·贝利尼（Giovanni Bellini, 约1430—1516）

乔瓦尼·彼得罗·巴罗尼（Giovanni Pietro Baroni, 1657—1737）

乔瓦尼·普拉特西（Giovanni Pratesi）

乔瓦尼·韦齐（Giovanni Vezzi, 1688—1746）

乔治·爱德华（George Edward）

乔治·安森（George Anson, 1697—1762）

乔治·克鲁克香（George Cruikshank）

乔治·路易·路热（Georges Louis Le Rouge, 1722—1778）

乔治·帕克（George Parker）

R

让·安托万·弗雷斯（Jean-Antoine Fraisse, 约1680—1738/1739）

让·奥伯特（Jean Aubert the Elder, 1680—1741）

让·巴蒂斯特·毕伊芒（Jean-Baptiste Pillement, 1728—1808）

让·巴蒂斯特·柯尔贝尔（Jean-Baptiste Colbert, 1619—1683）

让·巴蒂斯特·马泰（Jean-Baptiste Mathey, 1629—1695）

让·巴蒂斯特·皮埃尔（Jean Baptiste Pierre, 1714—1789）

让·巴蒂斯特·瓦兰（Jean-Baptiste Vallin de La Mothe, 1729—1800）

让·巴蒂斯特·乌德里（Jean Baptiste Oudry）

让·贝兰（Jean Bérain, 1637—1711）

让·贝里（Jean du Berry, 1340—1416）

让·伯特格尔（Jean-Fréderic Böttger, 1682—1719）

让·布隆（Jean-Baptiste-Alexandre Le Blond, 1679—1719）

让·德·拉·封丹（Jean de la Fontaine, 1621—1695）

让·菲利克斯·瓦汀（Jean Felix Watin, 1728—？）

让·哈伊根·凡·林斯霍滕（Jan Huyghen van Linschoten, 1563—1611）

让-亨利·厄泽纳（Jean-Henri Riesener, 1734—1806）

让-亚历山大（Jean-Alexandre, 1738—？）

S

萨尔瓦托·罗莎（Salvator Rosa, 1615—1673）

萨勒（Saller）

塞巴斯蒂安·舍瓦利耶（Sébastien Chevalier）

塞内卡（Lucius Annaeus Seneca, 前4—65）

森普罗尼奥·苏比萨蒂（Sempronio Subisatti, ？—1758）

沙夫茨伯里（Shaftesbury, 1671—1713）

圣方济·沙勿略（St Francis Xavier, 1506—1552）

斯泰德勒（Johann Ehrenfried Stadler, 1701—1741）

斯特凡诺·波齐（Stefano Pozzi, 1699—1768）

索菲亚·夏洛特（Sophia Charlotte of Hanover, 1661—1705）

T

塔维利亚诺（Tavigliano）

汤若望（Johann Adam Schall von Bell, 1591—1666）

汤执中（Pierre Nicolas d'Incarville, 1706—1757）

特奥多鲁斯·博尔内曼（Theodorus Borneman, 1735—1798）

托马斯·安森（Thomas Anson, 1695—1773）

托马斯·胡贝儿（Thomas Huber, 1700—1779）

托马斯·怀特（Thomas Wright）

托马斯·卡里（Thomas Cary）

托马斯·奇彭代尔（Thomas Chippendale, 1718—1779）

托马斯·约阿希姆·赫伯特（Thomas-Joachim Hébert, 1713—1773）

W

瓦里埃尔公爵（La Vallière）

王致诚（Jean Denis Attiret, 1702—1768）

威尔·舍温（Will Sherwin）

威克瑞斯（Werkruis）

威勒姆·吉克（Willem Kick, 1579—1647）

威勒姆·卡尔夫（Willem Kalf, 1619—1693）

威廉·德拉库尔（William de la Cour, 1700—1768）

威廉·邓波尔（William Temple）

威廉·哈夫彭尼（William Halfpenny, ？—1755）

威廉·怀特（William Wright）

威廉·肯特（William Kent, 约1685—1748）

威廉·卢布鲁克（William de Rubruck, 1220—1293）

威廉·马洛（William Marlow, 1740—1813）

威廉·钱伯斯（William Chambers）

威廉·萨蒙（William Salmon）

威廉·英斯（William Ince）

威廉明娜（Frederica Sophie Wilhelmina）

威廉明妮（Margravine Wilhelmine, 1709—1758）

维托里奥·阿米地奥二世（Vittorio Amedeo Ⅱ, 1666—1732）

卫匡国（Martino Martini, 1614—1661）

温琴佐·卡尔塔利（Vincenzo Cartari, 1531—1571后）

文策尔·施特恩贝格（Wenzel Adalbert von Sternberg, 1640—1708）

乌利塞·阿尔德罗万迪（Ulisse Aldrovandi, 1522—1605）

X

西比拉·奥古斯塔（Franziska Sybilla Augusta, 1675—1733）

西吉斯蒙多·费希尔（Sigismondo Fischer）

西凯瑞·西鲁（Cicaire Cirou, 1700—1755）

西门·马提尼（Simone Martini, 约1284—1344）

西蒙·弗里斯（Simon de Vries）

席勒（Friedrich Schiller, 1759—1805）

休·奥纳尔（Hugh Honour）

休伯特-佛朗索瓦·格弗路（Hubert-François Gravelot, 1699—1773）

Y

雅各布·科内利斯·凡·内克（Jacob Cornelisz van Neck）

雅各布·莫伊尔斯（Jacob von Meurs, 1619—1680）

雅克·达格利（Jacques Dagly, 1665—1728）

雅克·德利尔（Jacques Delille, 1738—1813）

雅克·拉茹（Jacques de Lajoüe, 1686—1761）

雅克·萨瓦里·布吕隆（Jacques Savary des Brûlons, 1657—1713）

约翰·斯托克（John Stalker）

约翰·威格尔（Johann Christoph Weigel, 1654—1726）

约翰·温克尔曼（Johan Joachim Winckelmann）

约翰·希尔德布兰特（Johann Lucas von Hildebrandt, 1668—1745）

约翰·亚当一世（Johann Adam I Andreas, 1657—1712）

约翰内斯·安东尼德斯（Johannes Antonides van der Goes, 1647—1684）

约翰内斯·芬克本斯（Johannes Vinckboons）

约瑟夫·艾夫纳（Joseph Effner, 1687—1745）

约瑟夫·爱迪生（Joseph Addison, 1672—1719）

约瑟夫·贝朗格（Joseph Bélanger, 1744—1818）

约瑟夫·古匹（Joseph Goupy）

约瑟夫·汉农（Joseph Hannong）

约瑟夫·塞巴斯蒂安（Joseph Sebastien, 1700—1768）

约瑟夫·维维安（Joseph Vivien, 1657—1735）

约斯特·冯达尔（Joost van den Vondel, 1587—1679）

Z

詹巴蒂斯塔·提埃波罗（Giambattista Tiepolo, 1696—1770）

詹保罗·卢卡斯（Giampaolo Lukacs）

詹多梅尼科·提埃波罗（Giandomenico Tiepolo, 1727—1804）

詹姆斯·莱蒙（James Leman, 1688—1745）

詹姆斯·佩恩（James Pain, 1717—1789）

张诚（Jean-Francois Gerbillon, 1654—1707）

朱利安·马丁（Julien Martin, ? —1765）

朱塞佩·格里奇（Giuseppe Gricci, ? —1771）

朱塞佩·莱瓦蒂（Giuseppe Levati, 1738—1828）

朱塞佩·马尔武格里亚（Giuseppe Venanzio Marvuglia, 1729—1814）

朱塞佩·马焦利尼（Giuseppe Maggiolini, 1738—1814）

朱塞佩·帕里尼（Giuseppe Parini, 1729—1799）

译后记

中国的"西风东渐"和欧洲的"中国风",在过去中西方传统文化中都非显学。欧洲的中国风艺术研究直到 20 世纪 70 年代才初成体系,而中国外销西方的绘画研究从 20 世纪 80 年代开始有了长足的进步,原始物证和文献的梳理才稍有起色。

我跟随胡光华教授学习研究"西画东渐"现象不知不觉已有十余年。这十多年间,我通过反复比对不断出现的艺术实物和文献记录,不少学术上的问题已经得到释疑,但这还远远不够。为了更好地了解外销画与欧洲中国风这两种艺术传播现象的双向交流方式,十多年前我离开中国来到欧洲中国风的最后一大重镇——英国的布莱顿,希望通过与布莱顿皇家行宫的近距离接触,切身感受那段历史,以提高我对这一文化现象的学习能力。

休·奥纳尔的《中国风尚:契丹梦幻》(1961)以及奥利弗·英培的《中国风:远东风格对西方艺术和装饰的影响》(1977)是"中国风"研究领域的两部奠基之作。特别是前者,由英国著名的艺术史家执笔,整理出了中国风发展的时代脉络,并宏观地涉及到了绘画、雕塑、建筑等各个艺术领域,即便从今天的角度来看,也是一部划时代的开山之作。可惜的是,五十多年来,西方学者再也没有人能够写出全面超越这两部专著的书籍,很多学者都把研究重心放在了局部(如单独研究瓷器、建筑或工艺杂件等)。当然微观的深入研究是把握宏观脉络的基础,可毕竟这么多年过去了,如果中国风艺术史没有得到知识和方法论的全面更新，那无疑是非常遗憾的。

数年前，正当我对中国风学习感到惆怅寂寥之时，无意间发现意大利的莫瑞纳先生出版了《中国风在意大利的传播》一书。于是我迫不及待地翻阅起来，拜读之下，发现这部书对奥纳尔的研究作了全面的补充，并介绍了近年来出现的各种物证，实在是一部难得的好书。同时，我在品读过程中发现了一些我一时不能理解的地方，心想，如果作者能够帮忙解答该有多好？于是我在好友弗吉尼亚·西米诺（Virginia Cimino）的帮助下和莫瑞纳先生取得了联系。老莫和我一样是看着奥纳尔的那本《中国风尚：契丹梦幻》成长起来的，之后他又一直致力于中国风尚的艺术实物考证，对中国风这一研究领域醉心已久，已经成为他生命中不可分割的一部分。他极为耐心地对我提出的种种疑问给予了解答。渐渐地，我和老莫成了莫逆之交，经常通过邮件讨论学术问题。老莫为人谦逊严谨，在他面前我时常不拘礼节地大胆质疑，在"批评与自我批评"式的交流中我们通常能够找到一些新线索。终于有一天，我向他提议为中国的读者专门写一部完整的欧洲中国风专著，他欣然接受了这一建议。后来我联系了国内一家出版社，其副总编辑对这一出版提议给予了高度重视，并亲往欧洲与老莫洽谈约稿事宜，并委托我翻译此书。后来由于种种原因，本书迟迟未能面世。幸得三联生活周刊的段珩编辑推荐，上海书画出版社王聪荟女士慧眼识珠，终于促成了本书的出版。非常感谢这些优秀的出版人对学术研究的支持和鼓励。

坦率地说，翻译工作对我是一大考验，因为该书涉及到欧洲各地区的中国风发展情况，各国语言的专业术语翻译对于我来说，简直是捉襟见肘。此外，如何提高学术研究的可读性，也是一大挑战。为此，在翻译过程中，我曾多次与老莫商议，反复修改行文和内容，希望最终翻译出一本集知识性与趣味性为一体的学术专著。

也许有很多人会认为所谓的"趣味性"会破坏学术的"严谨性"，殊不知有多少理应读来朗朗上口的外文专著，却由于译者的水平问题，让中国读者读得一头雾水，让他们面对"枯燥"的学术望而却步。拙劣的译本是我从小对外国文学名著产生反感的重要原因之一，直到我读了原著之后，才终于体会到其原文的绝妙之处。"己所不欲、勿施于人"，于是我在翻译和润色过程中格外费心，努力提升文本的可读性，生怕读者会对译著敬而远之。在此，除了感谢老莫在翻译中给我的各种释疑，还要感谢我的同学钱丹。她做了部分的翻译工作，并且和我一起反复纠错和润色，才使得这部译著能够顺利完成。

龚之允

2021 年 10 月　英国布莱顿